现代物流管理基础与信息系统研究

杨　贺　杨文平　龙　婷◎著

中国建材工业出版社
北京

图书在版编目（CIP）数据

现代物流管理基础与信息系统研究/杨贺，杨文平，龙婷著. --北京：中国建材工业出版社，2024.4
ISBN 978-7-5160-3946-5

Ⅰ.①现… Ⅱ.①杨… ②杨… ③龙… Ⅲ.①物流管理—管理信息系统 Ⅳ.①F252.1-39

中国国家版本馆 CIP 数据核字(2023)第 235469 号

内 容 简 介

本书是物流管理信息化方向的书籍，主要研究现代物流管理基础与信息系统。本书从物流管理基本理论介绍入手，针对包装与搬运、运输、仓储与仓库、流通加工以及配送等物流基本活动的管理进行了阐述；接着深入探讨了供应链的管理方法与绩效评价，并对现代电子商务影响下的物流模式与协同发展作了分析研究；另外对物流信息系统的规划开发以及典型物流管理信息系统架构与运行管理提出了一些建议；最后研究分析了生态位理论视角下智慧物流的系统架构与发展路径。本书对物流管理研究与信息系统的开发应用有一定的借鉴意义。

现代物流管理基础与信息系统研究
XIANDAI WULIU GUANLI JICHU YU XINXI XITONG YANJIU
杨　贺　杨文平　龙婷　著

出版发行：中国建材工业出版社
地　　址：北京市西城区白纸坊东街2号院6号楼
邮政编码：100054
经　　销：全国各地新华书店
印　　刷：北京四海锦诚印刷技术有限公司
开　　本：787mm×1092mm　1/16
印　　张：7.5
字　　数：150 千字
版　　次：2024 年 4 月第 1 版
印　　次：2024 年 4 月第 1 次
定　　价：88.00 元

本社网址：www.jccbs.com，微信公众号：zgjcgycbs

本书如有印装质量问题，由我社事业发展中心负责调换，联系电话：（010）63567692

前　言

随着电子商务的兴起，物流行业获得了较强的推动力，并呈现出全新的发展趋势。在物流发展领域，企业要在具体的管理模式上进行合理的创新，从而优化物流行业发展环境，助力电商等网络事业蓬勃发展。在当前的社会环境下，企业之间的竞争越来越激烈，企业的生产效率和生产成本的优化已经达到了相当的高度。企业为了更好地提升自身的竞争力，纷纷将精力转向物流的开发和运营中，希望借此提高自身的竞争优势。在这种形势下，基于横向一体化的供应链管理思想便成为了企业新的管理理念。

本书围绕现代物流管理展开。第一章介绍了物流的概念及其构成要素、物流的地位与作用、物流系统、物流管理等相关基础知识；第二章介绍了物流活动的基本管理，包括包装与搬运管理、运输管理、仓储与仓库管理、流通加工管理、配送管理等内容；第三章、第四章重点介绍了物流信息系统的分类与结构，物流信息系统的规划、分析、设计和实施过程，以及典型物流管理信息系统的架构与运行管理；第五章分析了物流生态链的系统构成与合理结构，以及不同企业主导下的最优组织模式等。

本书由浅入深、由表及里，从介绍物流的基本概念、基本理论入手，结合物流业的最新实践，对现代物流进行了较为细致的系统梳理，既有物流基础认知与把握，也有物流行业的细化和拓展，把物流理论与应用结合起来，满足不同层次的需求，便于读者接受和理解。

在本书的写作过程中，参考了很多中外专家的研究成果和论文资料，在此表示衷心的感谢。由于时间和能力的限制，本书仍然不可避免地存在一些不足之处，恳请广大读者批评指正。

作者

2023年9月

目　录

第一章　物流管理基本理论

第一节　物流的概念、构成与作用

一、现代物流

（一）现代物流的含义

现代物流与传统物流有着本质上的差别，现代物流以满足消费者和市场的需求为目标，以第三方物流为基础连接供应商和销售商，把战略、市场、研发、采购、生产、销售、运输、配送和服务各环节的活动整合在一起，作为现代经济领域的新兴产业，支撑经济社会发展；而传统物流则被简单地视为一种“后勤保障系统”。

物流是社会经济发展的产物，随着社会经济的发展，现代物流在运作上表现出以下特点：

一是将向顾客提供的物流服务目标体现在现代物流的定义中，强调了物流顾客服务的重要性；

二是现代物流活动的范围极其广泛，既包括原材料采购与供应阶段的物流，也包括生产阶段的物流、销售阶段的物流、退货阶段的物流及废弃物处理阶段的物流等从生产、流通到消费的全过程物流活动；

三是现代物流不仅重视效率，更重视效果，即强调物流过程中的投入（成本）与产出（销售额或利润）之间的对比关系；

四是现代物流不仅强调物流各构成要素的整体最佳，而且强调物流活动与其他生产经营活动之间的整体最佳；

五是现代物流更强调库存的一体化管理、信息管理及按需生产；

六是现代物流强调生产、销售、物流是企业经营的三大支柱，并将物流视为与生产、营销并列的企业经营战略之一。

在现代物流发展最早的国家中，不论是美国还是日本，对现代物流的定义都强调了物流活动的“有效性”，以及对物流活动的“计划、执行与控制”。这种定义实际上是对物流管理的定义，而不是对物流本身的定义。根据各国对现代物流的定义，结合汉语语言习惯，本书作如下定义：现代物流是指基于满足顾客需求，以及成本与效益的考虑而进行的涉及生产、销售、消费全过程的物品及其信息的系统流动过程。

（二）传统物流与现代物流的区别

传统物流与现代物流的区别见表1–1。

表1–1　传统物流与现代物流的区别

区别项目	传统物流	现代物流
范围与边界	强调销售物流与生产物流	强调供应、生产、销售等全过程的“大物流”
系统概念	强调运输、储存、包装、装卸、流通加工、配送、信息等构成要素的系统最佳	强调物流系统与其他经营系统的“大系统”最佳
性质与地位	企业或组织体的“后勤”“内部事务”；成本支出项目	企业或组织体的“先锋”“外部事务”；价值创造事业
目标与理念	效率与成本的均衡	效率与成本、服务与收益的均衡
服务对象	企业或组织体内部的生产或销售部门	企业或组织体外部的顾客
功能定位	节约成本的“手段”与“策略”	扩大销售、增加利润的“战略”

两者的区别主要体现在以下五个方面。

一是传统物流虽然也认为物流活动领域包括原材料供应物流、生产物流、销售物流、退货与废弃物物流，但是更强调销售物流与生产物流；现代物流则进一步强化了“大物流”的理念。

二是传统物流强调物流是由运输、储存、包装、装卸、流通加工、配送、信息等要素构成的系统，因此，谋求物流构成要素的系统最佳是传统物流管理追求的重要目标；现代物流不仅强调物流系统本身的最佳，更强调物流系统与生产、销售等整个经营系统的协调与最佳。

三是传统物流认为物流是“内部事务”，只对组织体内部产生影响，其服务对象是企业或组织体内部的生产或销售部门；现代物流则认为物流是“外部事务”，其服务对象是企业或组织体外部的顾客，从而把满足顾客对物流的服务需求作为组织物流的首要目标。

四是传统物流强调的是效率与成本观念，认为物流只是提高效率、节约成本的手段，因此，物流成本最小化是组织传统物流的重要目标甚至是唯一目标；现代物流强调的则是效率与成本、服务与收益的均衡，物流成本最小化不是组织物流的重要目标。

五是传统物流认为物流是企业或组织体的“后勤”，即从属于生产与销售，是后发的，从而是成本支出项目，因此，如何组织物流是节约成本的“手段”与“策略”；现代物流则认为物流是企业或组织体的“先锋”，是决定生产与销售的价值创造事业，因此，如何组织物流不仅是节约成本的“手段”与“策略”，更是扩大销售、增加利润的“战略”。

二、物流的分类

物流概念虽然产生于20世纪初，至今也不过百年的历史，但是，作为企业与国民经济重要组成部分的物流活动却是与人类共生的。以“物的流动”为本质特征的物流活动存在于各个领域，具有不同的表现形式，也有不同的种类与层次。因此，为了全面地认识物流，有必要对存在于各个领域的不同层次、不同表现形式的物流进行分类，这也是进行物流研究的基本前提。通常可以按以下五种分类方法进行分类，如表1–2所示。

表1–2 物流的种类

分类标准	物流的种类
空间范围	国际物流、国内物流、区域物流、城市物流、企业物流
物流主体	制造商物流、中间商物流、专业化物流、消费者物流
物流业种	铁路物流、公路物流、航空物流、邮政物流
物流阶段	供应物流、生产物流、销售物流、退货物流、回收物物流、废弃物物流
物流客体	生产资料物流、消费品物流、散装货物流、包装货物流
其他	宏观物流、中观物流、微观物流

三、物流的构成要素

由前述定义可知，物流是由各种要素构成的系统，这些要素可分为两大类：一类是基础要素；另一类是活动（功能）要素。

（一）基础要素

基础要素是维系物流活动得以运行的基本条件，没有这些基本条件，物流就无法发生，也无法运行。这些基础要素就是与物流活动有关的“人、财、物”三要素。

1.“人”的要素

“人”的要素是指与物流活动相关的人力资源，包括物流作业人员与物流管理人员。物流活动的开展首先要有一定的物流人力资源作为保障，物流人力资源的状况决定着物流活动效率的高低。

2.“财”的要素

“财”的要素是指与物流活动相关的资金。物流活动的开展需要相应的资金投入，因此，一定的资金投入是物流活动得以正常运行的必要条件。

3.“物”的要素

“物”的要素是指与物流活动相关的设施、设备与工具。例如，运输、储存、包装、装卸设施、设备与工具等都是开展物流作业活动的必要条件。

（二）活动（功能）要素

活动（功能）要素是指与物流有关的各种作业活动（功能），包括运输、储存、包装、装卸、流通加工、配送、信息等。

1.运输

运输是利用设备或工具，在不同地域范围内（如两个城市、两个工厂之间），完成以改变人和物的空间位移为目的的物流活动。运输是物流的主要功能之一，也是物流的基本活动要素。物流是物品实体的物理性运动，这种运动不但改变了物品的时间状态，也改变了物品的空间状态。运输承担了改变物品空间状态的主要任务，是改变物品空间状态的主要手段；运输再配以搬运、配送等活动，就能圆满完成改变空间状态的全部任务。

2.储存

储存即对物品（商品、货物、零部件等）的保存与管理，具体来说，是在保证物品的品质和数量的前提下，依据一定的管理规则，在一定时间内把物品存放在一定的场所的活动。在物流系统中，储存起着缓冲、调节和平衡的作用，是物流的一个中心环节。

3.包装

包装是物流系统的构成要素之一，包装是指在物流过程中为保护产品、方便储运、促进销售，按一定的技术方法采用容器、材料及辅助物等的总体名称；也指为了达到上述目的而采用容器、材料和辅助物的过程中施加一定技术方法等的操作活动。简言之，包装是包装物及包装操作的总称。在现代物流中，包装与物流的关系，比其与生产的关系要密切得多，其作为物流始点的意义比作为生产终点的意义要大得多。

4.装卸

装卸是指随物品运输和保管而附带发生的作业。具体来说，它是指在物流过程中对物品进行装运卸货、搬运移送、堆垛拆垛、旋转取出、分拣配货等作业活动。装卸是物流系统的一个重要构成要素。运输能产生空间上的效用，储存能产生时间上的效用，而装卸本身并不产生新的效用和价值。但是，装卸作业质量的好坏和效率的高低不仅影响物流成本，还与物品在装卸过程中发生损坏、污染等造成的损失成本及保护物品的包装成本相关，并与是否能及时满足顾客的服务要求相关联。

5. 流通加工

流通加工是指在流通阶段进行的不以改变商品的物理、化学性能为目的的简单加工、组装、再包装、按订单做的调整等作业活动。比如，遵照顾客的订单要求，将肉类、鲜鱼分割或把量分得小一些，家具的喷涂、调整，家用电器的组装，衣料布品陈列前的挂牌、上架，礼品的拼装等。简言之，在流通过程中辅助性的加工活动都称为流通加工。

6. 配送

在国家标准GB/T 18354—2021《物流术语》中，对配送的定义为：根据客户要求，对物品进行分类、拣选、集货、包装、组配等作业，并按时送达指定地点的物流活动。配送处于现代物流的末端，是现代物流的一个重要构成要素，并且在企业的物流系统中占有重要地位。配送的实质是送货，但不是简单的送货。从配送的实施过程上看，配送包括两个方面的活动：“配”是对货物进行分类、拣选、集中、包装、加工、组配、配备和配置；“送”是以各种不同的方式将货物送达指定地点或用户手中。可见，现代意义上的配送不同于一般性的运送或运输，是建立在备货和配货基础上的满足客户灵活需要的送货活动，是一种以社会分工为基础的、综合的、现代化的送货活动。

7. 信息

信息是能反映事物内在本质的外在表现，如图像、声音、文件、语言等，是事物内容、形式和发展变化的反映。物流信息就是物流活动的内容、形式、过程及发展变化的反映。物流信息是物流活动的前提，也是物流管理的基础，只有掌握信息，才能进行有效的物流活动。因此，物流信息是重要的物流活动要素。

四、物流的地位与作用

（一）物流与企业经营

1. 企业经营

企业经营既是一个价值创造过程，也是一个开发并满足顾客需求的过程。这个过程的完成体现为企业将自己的产品或服务最终提供给消费者，消费者通过对企业提供的产品或服务的消费，而获得满足。如果顾客从企业A获得的满足优于或大于从企业B获得的满足，那么企业A就可能在竞争中战胜企业B。企业的价值创造过程是由生产、营销、物流三个过程共同构成的。

物流过程的输出（成果）是向顾客提供物流服务，即通过从原材料的采购供应到产品送达消费者手中的整个物流过程的统一管理，使顾客最经济地获得所需要的商品或服务。

无论是生产过程还是营销与物流过程都要投入一定的资源，从而形成企业的生产成本、营销成本与物流成本。除此之外，企业还要投入其他基础费用，这些成本与费用共同构成企业的经营总成本。企业经营的目的就是通过顾客对上述三个过程成果的认知、评价和回报，以补偿企业的投入并获得剩余。企业能否获得补偿与剩余，主要取决于顾客对上述三项服务是否满意。

顾客根据以往的经验或企业的宣传信息、销售人员的说明及其他方面的信息，对企业提供产品的功能形成预期，并将预期与实际进行比较。如果实际功能不低于预期功能，顾客就满意，否则顾客就不满意。如果顾客对生产过程的成果评价不满意，不论提供怎样的营销与物流服务，顾客都不会购买企业的产品，从而使企业投入的所有资源（成本）都无法得到补偿（无收入），更无法获得利润。

然而，顾客对生产成果的认知评价，往往是通过对营销过程的认知评价来进行的，也就是说，如何向顾客表现、说明、宣传产品的功能与价格，将直接影响到顾客对生产成果的认知与评价。即使生产成果在客观上是可以使顾客满意的，但如果不能进行有效且令顾客满意的营销活动，顾客也不会对生产成果满意，也就不会购买企业的产品，企业因而也不能获得收入与利润。不仅如此，营销过程是否有效并令顾客满意还直接影响到顾客与企业长期而稳定的交易关系的形成。显然，顾客对企业的营销过程满意，不仅可以持续进行交易，而且会扩大交易量，从而增加企业获利的可能性。

顾客对生产过程与营销过程的满意，并不是顾客对企业的最终评价或最终满意，也就是说顾客即使对生产成果与营销成果满意，也并不意味着顾客最终满意。因为如何使得生产成果（产品功能）与营销成果（价格、销售方式等）在顾客期望的时间、地点，批量且安全、准确、经济地变成顾客的实际可得，还要取决于有效的物流服务。如果企业不能将生产成果与营销成果以适当的数量与批次，及时、准确、安全、经济地送达顾客期望的场所，那么顾客就不会满意，由此顾客就不会再购买企业的产品或服务，企业也无法获得利润。不仅如此，由于物流过程不限于销售物流阶段，而是涉及供应、生产、销售、退货等各个阶段，特别是供应与生产阶段的物流将直接影响企业生产成本与产品功能，因此，在某种角度上，物流过程甚至决定生产过程。同时，随着市场竞争的日益激烈，物流服务越来越成为顾客评价、选择企业的重要标准，因此，物流过程还直接影响到营销过程及其成果，其不再仅仅是促进销售的手段，而是成为了稳定与扩大交易关系的手段。

2.物流在企业经营过程中的职能

（1）价值实现职能。物流的价值实现职能意味着企业的生产与营销成果要通过物流过程来实现，没有有效的物流过程，生产与营销成果则无法让顾客获得，生产与营销成果为零，甚至为负值。有效物流是指将生产与营销成果以适当的数量与批次，及时、准确、安全、经济地送达顾客期望的地点。物流的价值实现功能主要体现在企业的销售物流阶段。

（2）成本节约职能。物流成本是产品与服务成本的重要组成部分。一般来说，即使在发达国家，物流成本占产品最终价格的比重也在20%以上，因此，物流领域具有很大的降低成本的空间与潜力，物流成本的节约可以直接导致企业利润的增加，是企业“第三个利润来源”。物流的成本节约职能体现在物流的各个阶段。

（3）销售促进职能

随着市场竞争的日益激烈，企业的销售业绩不仅取决于产品、价格、营销渠道与营销方式，更取决于企业向顾客提供的物流服务，即取决于企业向顾客提供商品的可得性。顾客越来越重视企业的物流服务，物流成为顾客选择企业、维持交易关系的重要条件，也是企业扩大销售的重要手段。物流的销售促进职能主要体现在销售物流阶段。

（4）竞争战略职能

在经济全球化、快速化以及消费需求多样化的今天，企业面临范围更大、速度更快、种类更多的生产要素组合与产品组合。特别是一些大型企业或跨国公司，不仅产品与服务的销售范围是全球化的，生产或原材料供应也是全球化的，这就要求企业必须在更大的范围内组织供应、生产、销售等阶段的物流，以获得产品、价格、服务等竞争优势，因此，物流已不仅仅是实现价值、降低成本、促进销售的手段，而且直接决定产品、价格与销售，从而直接参与价值创造过程，成为决定企业经营成败的战略问题。物流的战略职能体现在物流的各个阶段。

（二）物流与国民经济发展

1. 物流与国民经济

一般认为，物流需求是国民经济的派生需求，既随着国民经济的增长而增长，也随着国民经济的负增长而萧条，与国民经济发展具有很高的相关度。此外，物流规模与发展速度也直接制约着国民经济的发展速度。这一结论得到了国内外经济发展实践的充分证明。20世纪80年代，我国物流业，特别是运输业制约国民经济发展的特征更为明显。

物流对国民经济的影响与作用包括两个方面：一是外部经济的，即对国民经济发展的正面影响或积极影响，具体体现在物流规模、速度、效率与质量，直接影响甚至决定国民经济发展的规模、速度、效率与质量；二是外部不经济的，即对国民经济发展的负面影响或消极影响，具体体现在物流所产生的交通拥挤、噪声等环境污染。

2. 商品价格构成与物流成本

所谓物流成本是指为组织、实施、管理物流活动所发生的各种费用及其物资消耗的货币表现。由于物流活动不仅存在于商品销售领域，而且存在于原材料的采购环节和生产制造领域，因此，在生产经营的各个阶段都存在着大量的物流活动，消耗大量的物流资源，形成规模可观的物流成本，从而使物流成本成为影响商品价格高低的重要因素。当然，商品不同，其物流活动的规模与难易程度也不同，进而所消耗的物流资源、生产的物流成本也不同，但是，从总体上看，物流成本无疑是商品价格构成的重要组成部分。根据有关研究成果，假设商品的零售价格为100元，那么，制造成本（包括厂商的平均毛利）大约为50元，流通费用（包括中间商的平均毛利）大约为50元，其中，物流费用为20—30元。也就是说，在商品的零售价格中，20%~30%为物流成本。显然，不论对经营者，还是对消费者来说，物流成本都具有重要意义。

从整个社会来看，物流成本也是国民经济总成本的重要组成部分，进而对国民经济运行绩效产生重大影响。当然，经济发展水平不同，物流成本占国内总产值的比重也不同。一般来说，经济发展水平越高，全社会的物流管理水平也就越高且越有效率，全社会的物流成本占GDP（国内生产总值）的比重也就越低。这反映出物流活动所消费的资源较少，运行更经济、节约，国民经济运行绩效较高；反之亦然。从世界范围来看，不同国家的物流成本占GDP的比重不尽相同，发达国家的物流成本占GDP的比重通常低于发展中国家的物流成本占GDP的比重。此外，同一国家或地区在不同时期，其物流成本占GDP的比重也不同，通常随着经济发展水平的提高，物流成本占GDP的比重将不断降低。

3.物流与居民生活

物流不仅对企业经营与国民经济发展具有重要作用，对居民生活质量的提高也具有重要贡献。物流技术水平的提高和物流方式的创新，大大降低了消费者的成本负担，增加了消费者的福利，同时还极大地满足了消费者准时、便利的物流需求，从而提高了消费者的生活质量。例如，低温冷藏物流系统，以及快速、安全、方便的配送体系，不仅保证了商品的新鲜度与质量，而且大大节约了消费者的时间，方便了消费者的生活，成为现代社会人们生活中不可或缺的一部分。

4.物流与外部不经济

随着物流规模的扩大、物流服务水平的提高，特别是准时、快捷式物流方式的普及，物流对交通、环境等的负面影响日益增大，不仅是经济上的“黑暗大陆”，而且也是环境上的“黑暗大陆”。人们在关注物流的经济功能外，更应关心物流的环境效应。因此，重视物流、改善物流，不仅是出于经营与经济方面的考虑，更是出于环境保护与社会可持续发展的需要。许多国家分别从环境保护与可持续发展的高度来关注物流、发展物流，认为物流领域在缓解交通拥挤、减少污染、改善与保护环境方面具有巨大的潜力。物流对环境的外部不经济影响主要体现在以下几个方面。

（1）物流的发展，特别是公路物流的发展，对城市交通的压力越来越大，道路堵塞、拥挤、事故频发等，成为困扰世界各国的主要难题。

（2）随着汽车保有量的增加，特别是伴随着小批量、多批次物流方式的普及，汽车流量大大增加，噪声与大气污染日益严重。

（3）物流网点密度不断增大，一方面，对城市建设、人文景观产生了越来越大的负面影响；另一方面，物流网点的增加，也促使地价上升，从而增加了消费者的空间成本，挤压了消费者的生活空间。

（4）物流设施与设备的能源消耗，对人类的可持续发展构成了威胁。

第二节 物流系统

一、物流系统的概念

所谓物流系统，是由多个互相区别又互相联系的单元结合起来，以物资为工作对象，以完成物资流通为目的的有机结合体。最基本的物流系统由包装、装卸、运输、储存、流通加工及信息等子系统中的一个或几个有机结合而成。每个子系统又可以按空间和时间分成更小的子系统。物流系统本身又处在更大的系统之中。

物流系统的目的是实现物资的空间和时间效益，在保证社会再生产顺利进行的前提下，实现各种物流环节的合理衔接，并取得最佳的经济效益。

二、物流系统的模式

一般来说，物流系统具有输入、处理（转化）、输出、限制（制约）和反馈等功能，其具体内容因物流系统性质的不同而有所区别。

（一）输入

通过提供原材料设备、劳动力、能源、资金、信息等手段对某一系统发生作用，统称为外部环境对物流系统的输入。

（二）处理（转化）

处理（转化）是指物流本身的转化过程。从输入到输出所进行的生产、供应、销售、服务等活动中的物流业务活动称为物流系统的处理或转化。其具体内容包括：物流设施、设备的建设；物流业务活动，如运输、储存、包装、装卸、搬运等；信息处理及管理工作等。

（三）输出

物流系统与其本身所具有的各种手段和功能，对环境的输入进行各种处理后所提供的物流服务称为系统的输出。其具体内容包括：产品位置的转移；各种劳务，如合同的履行及其他服务等；能源；信息等。

（四）限制（制约）

外部环境对物流系统施加一定的约束称为外部环境对物流系统的限制和干扰。其具体内容包括：资源条件，能源限制，资金与生产能力的限制；价格影响，需求变化；仓库容量；装卸与运输能力；政策的变化等。

（五）反馈

物流系统在把输入转化为输出的过程中，由于受系统各种因素的限制，不能按原计划实现，需要把输出结果反馈给输入进行调整，即使按原计划实现，也要把信息返回，以对工作做出评价，这称为信息反馈。信息反馈的活动包括各种物流活动分析报告、各种统计报告数据、典型调查、国内外市场信息与有关动态等。

三、物流系统的目标

物流系统作为社会经济系统的一部分，其目标可分为宏观效益和微观效益。具体来讲，物流系统要实现以下五个目标。

（一）服务性（Service）

在为用户服务方面要求做到无缺货、无货物损伤和丢失等现象，且费用低。

（二）快捷性（Speed）

要求把货物按照用户指定的地点和时间迅速送到。因此，可以把物流设施建在供给地区附近，或者利用有效的运输工具和合理的配送计划等手段。

（三）有效地利用面积和空间（Space Saving）

虽然我国土地费用相对不高，但也在不断上涨。特别是要充分考虑对城市市区面积的有效利用。应逐步发展立体化设施和有关物流机械，求得空间的有效利用。

（四）规模适当化（Scale Optimization）

应考虑物流设施集中与分散的问题是否适当，机械化与自动化程度如何合理利用，以及对情报系统的集中化所要求的电子计算机等设备的利用等。

（五）库存控制（Stock Control）

库存过多则需要更多的保管场所，而且会产生库存资金积压，造成浪费。因此，必须按照生产与流通的需求变化对库存进行控制。

上述物流系统化的目标简称为“5S”，要发挥以上物流系统化的效果，就要进行研究，把从生产到消费过程的货物量作为一贯流动的物流量看待，依靠缩短物流路线，使物流作业合理化、现代化，从而降低其总成本。

四、物流系统分析

所谓物流系统分析是指从物流的整体出发，根据系统的目标要求，用科学的分析工具和计算方法，对系统目标、功能、环境、费用和效益等进行充分的调研，并收集、比较、分析、处理有关数据和资料，建立若干拟订方案，比较和评价这些方案的结果。

（一）物流系统分析遵循的原则

物流系统分析应遵循以下四个原则。

1.以整体为目标

在一个系统中，处于各个层次的分系统都具有特定的功能及目标，彼此分工协作，才能实现系统整体的共同目标。比如，在物流系统布置设计中，既要考虑造价，又要考虑运输、能源消耗、环境污染、资源供给等因素。因此，如果只研究改善某些局部问题，而其他分系统被忽略，则系统整体效益将受到不利影响。所以，进行任何系统分析，都必须以发挥系统总体的最大效益为基本出发点，不能只局限于个别局部，否则会顾此失彼。

2.以特定问题为对象

系统分析是一种处理问题的方法，有很强的针对性，其目的在于寻求解决特定问题的最佳策略。物流系统中的许多问题都含有不确定因素，而系统分析就是针对这种不确定的情况，研究解决问题的各种方案及其可能产生的结果。不同的系统分析所解决的问题当然不同，即使对相同的系统所要解决的问题也要进行不同的分析，寻求不同的解决方法，所以，系统分析必须以能求得解决特定问题的最佳方案为重点。

3.运用定量方法

解决问题，不应单凭想象、臆想、经验和直觉。在许多复杂的情况下，需要有精确、可靠的数字、资料，并以此作为科学决断的依据。在某些情况下，当利用数字模型有困难时，还要借助结构模型、解析法或计算机模型等进行定量分析。

4.凭借价值判断

从事系统分析时，必须对某些事物做某种程度的预测，或者以过去发生的事实进行对照来推断未来可能出现的趋势或倾向。由于所提供的资料有许多是不确定的变量，而客观环境又会发生各种变化，因此在进行系统分析时，还要凭借各种价值观念进行综合判断和优选。

（二）物流系统分析的影响因素

影响物流系统分析设计的因素通常有以下七个方面。

1.物流服务需求

物流服务项目是在物流系统的分析与设计的基础上进行的。由于竞争对手、物流服务市场在不断地发生变化，为了适应变化的环境，必须不断地改进物流服务条件，以寻求最有利的物流系统，支持市场发展前景良好的物流服务需求项目。物流服务需求包括服务水平、服务地点、服务时间、产品特性等多种因素，这些因素是进行物流系统分析与设计依据的基础。较短的交货周期，意味着需要采用快捷的运输方式或配置更多的仓库。服务地点和服务时间直接决定物流系统的物流网络配置以及运输方案设计，产品特性影响对仓储设备、搬运设备、运输设备等的选择。

2.行业竞争力

为了成为有效的市场参与者，应对竞争对手的物流竞争力，如竞争者的服务水平、物流资源配置情况、服务方式及理赔情况等进行详细的分析，从而掌握行业基本服务水平，寻求自己的物流市场定位，以发展自身的核心竞争力，构建合理的物流系统。

3.地区市场差异

物流系统中的物流设施结构直接同客户的特点及状况有关。地区人口密度、交通状况、经济发展水平等都会影响物流设施设置的决策。

4.物流技术发展

在技术领域中，对物流系统最具影响力的是信息、运输、包装、装卸搬运、管理技术等。其中，计算机信息和网络技术的应用对物流的发展具有革命性的影响，及时、快捷、准确的信息交换可以随时掌握物流动态，因而，不但可以改进物流系统的实时管理与决策，还可以为实现物流作业一体化、提高物流效率奠定基础。

多式联运、新型车辆、优化运输路径选择等，提高了运输衔接能力和运输效率。机器人、自动化仓储系统、自动导向系统、自动分拣系统等的使用，提高了物流节点的生产能力，增加了物流节点的物流输入和输出能力。

包装的创新，有利于提高物流操作效率（便于物流的运输、搬运、分拣等），增加货物安全保护能力，增加信息传递的载体（包装货品识别的跟踪和管理）。

5.流通渠道结构

流通渠道结构由买卖产品的关系组成，一个企业必须在渠道结构中建立企业之间的商务关系，而物流活动是伴随着一定的商务关系而产生的。因此，为了更好地支持商务活动，物流系统的构筑应考虑流通渠道的结构。

6.经济发展

经济发展水平、居民消费水平、产业结构等直接影响着物流服务需求的内容、数量和质量。为了满足用户的需要，物流业的内容也在不断拓展和丰富，运输、配载、配送、中转、保管、倒装、装卸、包装、流通加工和信息服务等构成了现代物流活动的主要内容。为此，物流系统应适应物流服务需求的变化，不断拓展其功能，以满足经济发展的需要。

7.运输法规、税收政策、工业标准等

运输法规、税收政策、工业标准等都将影响物流系统的规划。在分析设计时，要考虑政策性因素，如政府的税收政策、法令以及法律、法规和发展规划等方面的要求，还要考虑环保因素，如废弃物排放量、污染程度、生态平衡等方面的要求，同时，还要遵循国家标准与行业标准。

（三）物流系统分析的内容

物流系统分析可分为外部环境分析、系统内分析

1.物流系统外部环境的具体分析内容

外部环境主要分析五个方面：

物资生产状况；

物资的流通；

物资的消费；

财政信贷状况。

国家方针、政策、制度，以及各类规范。

2.物流系统内的具体分析内容

物流系统内主要分析六个方面：

（1）物资需求变化的特点，需求量、需求对象、需求构成，以及所涉及的需求联系方法；

（2）物流系统各作业部门的有关物流活动的数据，如市场分布状况、供货渠道、销售状况等；

（3）构成物流生产的新技术、新设备、新要求、新项目等；

（4）库存物资的数量、品种、分布情况、季节性变化、质量状况等；

（5）运输能力的变化、运输方式的选择、运输条件和要求等；

（6）各种物流费用的占用、支出，所产生的社会经济效益等。

（四）物流系统分析的步骤

物流系统分析的步骤通常为：问题的构成→收集资料→建立模型→对比可行性方案的经济效果→判断方案的优劣。对物流系统进行分析必须回答以下六个问题。

一是目的，为什么（Why）？

二是对象，是什么（What）？

三是地点，在何处做（Where）？

四是时间，何时做（When）？

五是人，由谁来做（Who）？

六是方法，怎样做（How）？

第三节　物流管理

一、物流管理的概念

GB/T 18354—2021《物流术语》中对物流管理的定义为：为达到既定的目标，从物流全过程出发，对相关物流活动进行的计划、组织、协调与控制。换句话说，物流管理是根据物质实体流动的规律，应用物流管理的基本原理和科学方法，对物流活动进行计划、组织、指挥、协调、控制和监督，使各项物流活动实现最佳协调与配合，通过降低物流成本和满足市场需求来提高社会效益和经济效益的过程。

现代营销之父菲利普·科特勒在《市场营销管理》一书对物流管理的定义为：物流是物的流通工程，是指计划、执行与控制原材料和最终产品从产地到使用地点的实际流程，并在盈利的基础上满足顾客的需要。

综上所述，本书认为，物流管理是指为了以合适的物流成本达到用户满意的服务水平，对正向及逆向的物流过程及相关信息进行的计划、组织、协调与控制。

二、物流管理的目标

现代物流管理的目标主要表现在以下三个方面。

一是现代物流管理以实现客户满意为第一目标。这里的客户不仅指物品的需求方，还包括物流服务的接受方，即物流业务的委托方。客户满意是一个综合指标，具体包括效率、质量、速度、成本、安全等。

二是现代物流管理以整体最优为目的。这里的整体最优表现为对运输、储存、装卸、包装、配送、信息等基本功能要素实施优化管理，处理好物流各要素之间的“二律背反”关系，在保证物流系统效率与质量的前提下，实现物流成本的最小化。

三是现代物流管理不但重视效率更重视可持续发展。即在确保整体最优的基础上充分重视环保、无公害、低能耗等因素，积极发展符合新时代发展需要的绿色物流。

三、物流管理的原则

首先，在总体上，坚持物流合理化的原则，这是物流管理的最根本原则。所谓物流合理化，就是在兼顾成本与服务的前提下，对物流系统的构成要素进行调整改进，实现物流系统整体优化的过程。

其次，在宏观上，除了完善支撑要素建设外，现代物流管理更强调政府以及有关专业组织的规划和指导的原则。事实上，宏观物流发展需要科学的规划和指引，这一点应该被纳入现代物流管理的原则中并加以重视。

再次，在微观上，除了实现供应链的整体最优管理目标外，现代物流管理更在服务的专业化和增值化发展等层面上有了新的要求。现代物流管理的永恒主题是成本和服务，即在努力削减物流成本的基础上，努力提升物流增值性服务。

最后，在服务上，具体表现为“7R原则”，将适当数量（Right Quantity）的适当商品（Right Product），在适当的时间（Right Time）和适当的地点（Right Place），以适当的条件（Right Condition）、适当的质量（Right Quality）和适当的成本（Right Cost）交付给客户。

四、物流管理的特征

（一）重视顾客满意度

顾客的高度满意是现代物流管理各项活动的基本目标。具体来讲，物流系统必须做到以下四点：第一，物流中心网络的优化，即要求商品集中配送，工厂、仓库、加工等中心的建设（规模、地理位置等）既要符合分散化的原则，又要符合集约化的原则，从而使物流活动能有利于顾客服务的全面展开；第二，物流主体的合理化，生产阶段到消费阶段的物流活动主体，常常有单个主体和多个主体之分，另外，也存在自己承担物流和委托物流等形式的区分，物流主体的选择直接影响物流活动的效果或实现顾客服务的程度；第三，物流信息系统的高度整合，即能及时、有效地反映物流信息和顾客对物流的期望；第四，物流作业的效率化，即在配送、装卸、加工等过程中应当运用安全、快速、高效的方法、手段使企业能最有效地实现商品价值和客户价值。

（二）强调整体性

现代物流管理是强调整体性的，首先是实现企业内部运作的整体性。现代物流所追求的费用观、效益观，是针对采购、生产、包装、运输、仓储、销售等整体最优而言的。在企业组织中，以低价格购入为主的采购理论、以高效优质化为主的生产理论、以追求合理绿色化为主的包装理论、以低成本为主的传统流通理论、以增加销售额和扩大市场份额为主的销售理论等之间仍然存在着分歧与差异，跨越这种分歧与差异，力图追求最优，正是现代物流管理理论的内涵。除了实现企业内部运作的整体性，现代物流管理还要追求外部物流同盟之间的整体效益优化，现代物流管理的范围不仅包括销售物流和企业内物流，还包括采购物流、退货物流以及废弃物物流等。这些物流活动往往涉及较多的企业，需要这些企业进行沟通协调及高效整合。可见，现代物流管理强调的是在内外物流环节高效合作基础上的整体最优。

（三）高度信息化

现代物流管理的整体性运作使得高度信息化成为必要。既然建立物流管理活动不是单个生产、销售部门或企业的事，而是包括供应商、批发商、零售商等关联企业在内的共同活动，这种供应链系统必然要求企业进行经营计划的连接、企业信息的连接、在库风险承担的连接等机能的结合，从而使物流管理成为一种建立在信息技术基础上的供应链管理，即从供应商开始到最终用户，整个供应链网络中商品运动的信息化综合管理。此外，伴随着企业经营方式的改变，即从原来的投机型经营（根据市场预测来生产）转向实需型经营（根据市场实际需求来生产），信息化的重要性也得到进一步增强。显然，在现代物流管理过程中的经营管理要素上，信息已成为物流管理的核心，没有高度发达的信息网络和信息的支撑，实需型合作性经营是无法实现的。

（四）服务社会化

现代物流管理越来越走向物流服务的社会化，即企业根据市场业务细分情况，把更多的仓储、运输、配送等物流业务外包给专门的物流公司来承担。这种由独立于供方和需方以外的第三方来完成物流服务的方式称为第三方物流。第三方物流是一种实现物流供应链集成的有效方法和策略，它可以通过协调不同地域、不同领域企业间的物流业务来提供后勤服务，使供应链企业能够把时间和精力集中在自己的核心业务上，提高这些企业的物流管理水平和运作效率，使这些企业对其物流环节中低库存、低成本、高效率的积极控制得到实现。这种社会化的现代物流运作模式在整合物流资源、降低物流成本、快速响应市场、提高相关企业的生存和竞争能力等方面存在明显的优势，具有十分重要的理论与实际意义。

五、物流管理的发展趋势

现代物流管理水平的发展日新月异，主要呈现出以下几个趋势。

（一）系统化

现代物流管理的一个重要趋势就是越来越系统化。物流管理系统化一方面要求企业对物流过程的各个环节进行统一管理，另一方面要求企业物流向两头延伸，使企业物流与整个社会大物流有机结合在一起。可以这样说，物流系统化包含了产品从形成到消失的整个物理性的流通全过程。通过统筹协调、合理规划，控制整个商品的流动，达到利益最大或成本最省，同时满足客户需求不断变化的客观要求。物流系统也就成了一个社会性的大系统，企业物流系统只是这个大系统中的小系统，它标志着企业物流管理走出了传统的后勤管理模式，更多地考虑整个流通渠道的物流管理全过程所有要素和环节的系统整合和优化。

（二）社会化

物流管理社会化是指将原先由企业内部完成的物流过程通过合约的方式外部化，即企业将分销、生产、供应等过程需要的运输、装卸、保管等职能交由专业化的公司完成，从而形成企业间紧密的联系。将原来属于企业内部职能的活动通过市场来完成，这既是一种企业概念的创新，又是一种企业流程的创新，也是一种市场组织的创新。物流社会化的原因主要是信息技术的发展，使企业的优势不仅体现在资金上，更表现在知识技术上。企业的优势在于拥有其他企业所没有的核心能力。这就要求企业在自身有优势的方面不断发展，而对自身没有优势的方面，采用外包的方式来解决。因此，对核心能力的追求使企业将物流活动外部化，这便出现了一种新型的专门化的物流行业。

（三）一体化

传统的物流网络是一个高度分散的网络，各成员各自为政，追求自身利益的最大化，结果使整个物流网络效率低下。为了适应激烈的市场竞争，物流管理人员将互联网技术、电子技术、现代通信技术应用到物流管理中，将制造商、中间商和客户连接起来，通过成员收购或相互合作方式实现物流管理的一体化，统一市场策略和战略，相互协调，形成了相互紧密联系的供应链网络，追寻共同的市场目标，制订适当的计划、策略与战略，实行综合化管理和经营，追求信息共享、利益共享、风险分担，减少由于彼此不信任造成的矛盾和冲突，以达到有效的物流整合，同时使整个物流网络处于动态优化中，以适应竞争激烈、变化快速的现代市场环境。物流网络各环节成员相互沟通、相互适应，通过规模经济和减少重复服务获得收益，达到整体最优。

（四）自动化

由于现代生产销售的复杂性和产品的多样性，人工处理不但缓慢而且容易出错。高新技术的引入正在使物流管理发生新的变革，计算机的普遍使用，条码射频技术的引入，立体自动仓库、自动化分拣系统、无人驾驶叉车的采用等构成了物流管理的高度自动化趋势。物流各环节成员都开始利用计算机和自动化设备来管理原材料的供应、库存、订单处理等，这些自动化的设施减少了物流作业的差错率，提高了物流管理的作业能力，极大地提高了工作效率，加快了反应速度，能适应多变的市场环境。

（五）信息化

现代物流管理中，融入了大量的信息技术，如数据库技术、条形码技术、电子订货技术、电子数据交换技术等高新技术。信息化是物流管理的基础，没有物流的信息化，任何先进的技术装备都不可能用于物流领域。信息技术在物流领域中的应用彻底改变了物流管理的面貌。物流管理的信息化趋势，将越来越提高物流速度，降低库存成本、人员成本，使企业加快订单处理速度，提高顾客满意度，赢得竞争优势。

（六）智能化

智能化是自动化、信息化的一种高层次应用。物流作业过程涉及大量的运筹和决策，如物流网络的设计与优化、运输（搬运）路径的选择、每次运输的装载量选择、多种货物的拼装优化、运输工具的排程和调度、库存水平的确定、补货策略的选择、有限资源的调配、配送策略的选择等问题都需要进行优化处理，这些都需要管理者借助智能工具和大量的现代物流知识来解决。同时，近年来，专家系统、人工智能、仿真学、运筹学、智能商务、数据挖掘和机器人等相关技术在国际上已经有成熟的研究成果，并在实际物流作业中得到了较好的应用。因此，物流的智能化已经成为物流发展的一大趋势。

第二章　物流活动的基本管理

第一节　包装与搬运管理

一、包装

（一）包装的概念

本书对于包装的定义主要是依据中国国家标准GB/T 18354—2021《物流术语》中的规定，即“包装是指为在流通过程中保护产品、方便储运、促进销售，按一定技术方法而采用的容器、材料及辅助物等的总体名称；也指为了达到上述目的而采用容器、材料和辅助物的过程中施加一定技术方法等的操作活动”。

（二）包装的功能

包装的功能主要有两个方面：一是自然功能，即对商品起保护作用；二是社会功能，即对商品起媒介作用，也就是把商品介绍给消费者，把消费者吸引过来，从而达到扩大销售、占领市场的目的。

综合来看，包装的功能大致又可细分为几个方面，包括：保护与盛载功能、储运与促销功能、美化商品和传达信息的功能、环保与卫生的功能、循环与再生利用的功能等。

（三）包装的分类

目前，包装的种类繁多，根据选用的分类标志不同，常见的包装分类方式有以下五种：

（1）按包装功能不同分类，可分为商业包装、工业包装；

（2）按包装层次不同分类，可分为个包装、中包装、外包装；

（3）按包装容器质地不同分类，可分为硬包装、软包装、半硬包装；

（4）按包装使用范围分类，可分为专用包装、通用包装；

（5）按包装使用的次数分类，可分为一次性包装、多次用包装、周转用包装。

（四）包装合理化

合理，即“适当”。包装合理化是指在包装的过程中使用适当的材料和技术，采用合理的包装结构，设计精练的包装造型，节约包装成本，在此基础上制成的与物品相适应的容器。

合理的包装取决于包装的完整性与包装成本之间的平衡，既能够满足包装主要功能（保护商品、方便储运、利于销售）的要求，又能够提高包装的经济效益。

包装的合理化主要包含两层含义：一方面，是指包装总体的合理化，这种合理化往往用整体物流效益与微观包装效益的统一来衡量；另一方面，是指包装材料、包装技术、包装方式的合理组合及运用。从多个角度来考察，合理包装应满足如下五个方面的要求。

（1）包装的强度适宜，可妥善保护内装商品，使其质量不受损伤。

（2）包装容量适当，包装标志清晰，以便于装卸和搬运。

（3）采用科学的包装技术和方法，减少包装浪费。

（4）优先采用无包装的物流形态。对需要大量输送的水泥、煤炭、粮食等商品来说，包装所消耗的人力、物力、财力是非常大的，若采用专门的散装设备，则可获得更好的技术经济效果。

（5）包装要考虑人性因素。人性化设计是包装发展的另一趋势，可以从以下两个方面考虑：首先，包装的功能设计应该以人为本，包装结构应该尽量做到方便和适用，以满足各类消费者的需要。例如，老人使用的药品，可采用热敏显色包装，这类包装在包裹不同药品时能显示不同的颜色，便于使用者识别，避免误服。其次，包装的形象塑造要顺应时代的审美潮流，包装传达的观念应该是自然活泼、积极向上的，避免低级、恶俗。

二、装卸搬运

装卸搬运在物流系统中起着桥梁和纽带的作用，其效率的高低直接影响着物流系统的运行效率。

（一）装卸搬运的概念

按照我国国家标准GB/T 18354—2021《物流术语》，装卸是指“在运输工具间或运输工具与存放场地（仓库）间，以人力或机械方式对物品进行载上载入或卸下卸出的作业过程”。搬运是指“在同一场所内，以人力或机械方式对物品进行空间移动的作业过程”。两者统称为装卸搬运，有时候或在特定场合，单称装卸或搬运也包含了装卸搬运的完整含义。

习惯上，物流领域（如铁路运输）常将装卸搬运这一整体活动称作货物装卸；生产领域则常将这一整体活动称作物料搬运。实际上，这两种叫法的活动内容都是一样的，只是领域不同而已。在实际操作中，装卸与搬运是密不可分的，两者伴随在一起发生。因此，在物流科学中并不过分强调两者差别而是作为一种活动来对待。

装卸与搬运的主要区别是：装卸是指在商品空间上发生的以垂直方向为主的位移，而搬运则是指商品在区域内所发生的短距离的以水平方向为主的位移。由于商品在空间上发生绝对的垂直位移或发生绝对的水平位移的情况是不多的，多数情况都是两者的复合运动。因此，有时以垂直位移为主，即装卸；有时以水平位移为主，即搬运。

（二）装卸搬运的分类

装卸搬运是附属于货物的运输和保管的物流作业活动，在货物运输过程中，要伴随着向货车等运输设备的装货、卸货等作业活动，在货物保管过程中要伴随着向仓库和货场等储存设施的入库、出库等作业活动。一般来说，从不同角度，装卸搬运可以按如下标准进行分类。

（1）按物流设施属性分类，可分为自用物流设施装卸、公用物流设施装卸。

（2）按装卸搬运的物流设施、设备、对象分类，可分为仓库装卸、汽车装卸、铁路装卸、港口装卸、飞机装卸等。

（3）按装卸搬运的作业内容分类，可分为码放作业、分拣作业、配货作业、搬送作业等。

（4）按装卸作业的对象分类，可分为单件作业法、集装作业法等。

（5）按装卸作业手段分类，可分为人工作业法、机械化作业法、综合机械化作业法。

按其他的分类方法，还可以将装卸搬运分为间歇作业法、连续作业法、垂直作业法、水平作业法等。

（三）装卸搬运作业的组织

车辆等待装卸的作业时间属于非生产性作业时间，它的时间长短取决于作业点的装卸能力、需要进行装卸作业的车辆数量及组织管理水平。高效率的现代化装卸手段和装卸组织工作，能保证货物装卸质量、装卸效率以及减少装卸成本。缩短装卸作业时间，通常也缩短了车辆装卸货物的停歇时间。

1. 车辆装卸作业停歇时间构成

（1）车辆装卸作业停歇时间的含义。车辆因完成货物装卸作业所占用的时间，是车辆停歇时间的组成部分，称为车辆装卸作业停歇时间。

（2）车辆装卸作业停歇时间的组成。车辆装卸作业停歇时间主要由以下四部分组成：

车辆到达作业地点后，等待货物装卸作业的时间；

车辆在装卸货物前后，完成调车、摘挂作业的时间；

直接装卸货物的作业时间；

与运输有关的商务活动等的作业时间。

2.装卸作业的基本要求

为了提高物流质量和效率，装卸作业还应当注意以下六项要求。

（1）减少不必要的装卸环节。从物流过程分析，装卸作业环节不仅不增加货物的价值和使用价值，反而有可能增加货物破损的可能性和相应的物流成本。系统地分析研究物流过程各装卸作业环节的必要性，取消、合并装卸作业，减少装卸次数，避免进行重复的或可进行也可不进行的装卸作业，这是减少不必要装卸环节的重要保证。

（2）提高装卸作业的连续性。必须进行的装卸作业应按流水作业原则运作，各工序间应密切衔接，必须进行的换装作业也应尽可能采用直接换装方式。

（3）相对集中的装卸地点。装载、卸货地点的相对集中可以提高装卸工作效率，易于采用机械化作业方式。在货物堆场上，应将同类货物的作业集中在一起进行，以便于采用机械化、自动化装卸作业。

（4）力求装卸设备、设施、工艺等的标准化。为了促进物流各环节的协调，就要求装卸作业各工艺阶段间的工艺、装备、设施、效率与组织管理工作协调起来。装卸作业的工艺、装备、设施、货物单元后或包装、运载工具、集装工具、信息处理等作业的标准化、系列化、通用化，是装卸作业实现机械化、自动化的基本前提。

（5）提高货物集装化或散装化作业水平。成件货物集装化、粉粒状货物散装化是提高作业效率的重要方向。因此，成件货物尽可能集装成托盘系列、集装箱、货捆、货架、网袋等货物单元后再进行装卸作业。各种粉粒状货物尽可能采用散装化作业，直接装入专用车、船、库。不宜大量化的粉粒状货物也可装入专用托盘箱、集装箱内，提高货物活化指数，便于采用机械设备进行装卸作业。

（6）做好装卸现场组织工作。装卸现场的作业场地、进出口通道、作业线长度、人机配置等布局设计合理，能使现有的和潜在的装卸能力充分发挥出来。避免由于组织管理工作不当造成装卸现场拥挤、阻塞、紊乱现象，确保装卸工作能够安全顺利地进行。

3.装卸组织工作

装卸组织工作应注意以下六个方面。

（1）制订科学合理的装卸工艺方案。装卸作业是货物、设备设施、劳动力、作业方法和信息工作等因素组成的整体。

装卸工艺方案应该从物流系统角度分析制订与装卸作业有关的装卸作业定额，按组织装卸工作的要求分析工艺方案的优缺点，并加以完善。

（2）加强装卸作业调度指挥工作

首先须明确几个重要的影响因素。装卸调度员应根据货物信息、装卸设备的性质和数量、车辆到达时间，装卸点的装卸能力、装卸工人的技术专长和体力情况等合理调配组织。

在装卸量大、装卸劳动力充沛、货物条件许可的情况下，可采用集中出车、一次接送装卸工人的方法。

作业点分散的地区，可以划分装卸作业区，通过加强装卸调度工作，以减少装卸工人的运送调遣。

（3）加强和改善装卸劳动管理。制定各种装卸作业时间定额是加强和改善装卸劳动管理、提高装卸效率的重要手段。装卸作业时间定额要建立在先进合理的水平上，并要根据相关条件的变化，定期加以修订完善。

装卸作业时间定额：指在一定装卸技术组织条件下，装卸不同品种的单位质量货物所需要的作业时间。

一定装卸技术组织条件：指装卸车辆、装卸设备、装卸方法、装卸工人及技术水平、作业环境等因素。

（4）加强现代通信系统应用水平。移动通信应用水平或固定通信系统应用水平对装卸作业组织工作有重要的影响。及时掌握车辆到达时间等有关信息，是减少车辆等待装卸作业时间的有效措施。应当根据有关技术条件的应用情况，建立车辆到达预报系统。根据车辆到达时间、车辆型号、货物名称、收发单位等报告，事先安排装卸机具和劳力，做好装卸前的准备工作，保证车到即可及时装卸。

（5）提高装卸机械化水平。提高装卸机械化水平的同时，要提高现代通信水平，这是做好装卸工作组织和做好物流工作的重要技术组织基础。

要从物流系统的组织设计做起，合理设计车辆、装卸机具、仓库等移动设备、固定设备，从而提高装卸质量、装卸效率，减少装卸成本。

（6）应用数学方法改善装卸劳动力的组织工作。采用数学方法改善装卸劳动力的组织工作也是提高效率的一种有效途径。

（四）装卸搬运作业的合理化

装卸搬运作业的合理化是装卸搬运管理的一个难点，也是最富创造性的、重要的管理活动。要实现装卸搬运的合理化，必须先进行物料流转分析。通过物料流转分析，可以确定装卸物资的种类和数量，装卸作业所服务的职能对装卸作业的频率、连续性、机动性等方面的要求，装卸作业的起讫点及空间限制，不同作业的次序等等。然后可以根据分析结果运用物资流转图和表格，以及线性规划、统筹性、排队论等数学方法，综合比较可以选用的不同方法和设施，求出最佳的决策方法。

1.装卸搬运作业合理化的一般标准

判断装卸搬运作业是否合理包括以下几项标准。

（1）装卸搬运次数最少，即尽可能不搬运物资。

（2）尽量减少人工搬运：尽可能以物料的移动来代替人的移动；装载单位的尺寸及重量尽可能大；尽可能利用物料的重力作用。

（3）装卸搬运距离最短，尤其是搬运体积、重量较大或需频繁搬运的物品时。

（4）各作业环节衔接顺畅：通过减少交接时间，尽可能使人员、设备的等待、闲置时间最短；尽可能利用流水线作业。

（5）库存物资的装卸搬运活性指数较高、可移动性强。

（6）尽可能利用租赁设备、搬运公司的服务来代替自购设备。

2.实现装卸搬运合理化的一般途径

装卸搬运作业合理化的实现有以下几种方法。

（1）防止和消除无效作业。无效作业是指在装卸作业活动中超出必要的装卸、搬运量的作业。显然，防止和消除无效作业对装卸作业的经济效益有重要作用。为了有效地防止和消除无效作业，可从以下四个方面入手。

尽量减少装卸次数：要使装卸次数降到最小，要避免没有物流效果的装卸作业。

提高被装卸物料的纯度：物料的纯度指物料中含有水分、杂质与物料本身使用无关的物质的多少，物料的纯度越高则装卸作业的有效程度越高；反之，则无效作业就会增多。

包装要适宜：包装是物流中不可缺少的辅助作业手段，包装的轻型化、简单化、实用化会不同程度地减少作用于包装上的无效劳动。

缩短搬运作业的距离：物料在装卸、搬运当中，要实现水平和垂直两个方向的位移，选择最短的路线完成这一活动，就可避免这一最短路线上的无效劳动。

（2）提高装卸搬运灵活性。装卸搬运的灵活性是指在装卸作业中的物料进行装卸作业的难易程度。因此，在堆放货物时，要事先考虑到物料装卸作业的方便性。装卸搬运的灵活性，根据物料所处的状态，即物料装卸搬运的难易程度，可分为四个级别：

0级——物料杂乱地堆在地面上的状态；

1级——物料装箱或经捆扎后的状态；

2级——箱子或被捆扎后的物料，下面放有枕木或其他衬垫后，便于叉车或其他机械作业的状态；

3级——物料被放于台车上或用起重机吊钩钩住，即刻移动的状态；

4级——被装卸、搬运的物料，已经被启动、直接作业的状态。

从理论上讲，活性指数越高越好，但也必须考虑到实施的可能性。例如，物料在储存阶段中，一般的仓库很少采用活性指数为4的输送带和活性指数为3的车辆，这是因为大批量的物料不可能存放在输送带和车辆上。

（3）合理规划装卸搬运线路，缩短装卸搬运距离。缩短装卸搬运距离是装卸搬运合理化的主要目标。其效果是节省劳动消耗、缩短搬运时间、减少搬运中的损耗。影响搬运距离的主要因素是工厂和物流据点的平面布局与作业组织工作水平。

工厂、物流据点的平面布局对搬运距离的影响。如果车间、库房、堆场、铁路专用线、主要通路的位置和相互关系处理得好，物流顺畅、便捷，就会缩短总的搬运距离，否则就会加大搬运距离。

作业组织工作水平对搬运距离的影响。在平面布局一定的情况下，组织工作水平的高低是决定搬运距离的主要因素。例如对库房、堆场的分配合理，对货物在库房内、堆场内布局合理，对收货、发货时专用线通道及货位的确定合理，都能缩短搬运距离，否则就会增加搬运距离。

（4）集装单元化原则。集装单元化原则是指将货物集中扩大成一个作业单元进行装卸搬运的原则。集装单元化是实现装卸搬运合理、降低物流费用的重要手段。为了提高装卸搬运和堆存效率，提高机械化、自动化程度和管理水平，应根据装卸搬运设备能力，尽可能扩大货物的物流单元，如采用集装箱、托盘等，这是改善装卸搬运作业至关重要的原则。通过集装单元化，不仅有利于实现装卸搬运机械化、标准化，提高装卸搬运效率，而且可以保障货物质量，防止货物在物流过程中的损坏和丢失，确认数量也变得更加容易。例如，目前在装卸搬运中广泛使用托盘，通过叉车与托盘的结合，可以大大提高装卸搬运的效率，而发展较快的集装箱单元更是一种标准化的大单元转载货物的容器。集装箱装卸运输，是实现散杂货物装卸运输合理化、效率化的重要手段，已经成为国际上普遍使用的一种重要的装卸运输方式。

（5）合理选择装卸机械、方式和方法。装卸搬运机械化是提高装卸搬运效率的重要环节。首先，装卸搬运机械的选择必须根据装卸搬运货物的性质来决定，对以箱、袋或集装包装的货物可以采用叉车、吊车、货车装卸；对散装粉粒体货物可以利用传送带装卸；对散装液体货物可以直接向装运设备或储存设备装取。

其次，要通过各种集装技术，形成机械设备最合理的搬运量，使所选择的装卸机械能充分发挥自己的效能，达到最优效率，实现规模装卸搬运。追求规模效益的方法，主要是通过各种“集装”，实现在间歇装卸时一次操作的最合理装卸量，从而使单位装卸成本降低；同时，通过“散装”，实现连续装卸的规模效益。

在装卸搬运过程中，必须根据货物的种类、性质、形状、重量来确定装卸搬运方式。在装卸时，对货物的处理大体有“分块处理”“散装处理”和“单元组合处理”三种方式。例如，在货物的装卸搬运过程中，可按普通包装对货物进行逐个装卸，即“分块处理”；对粉粒状货物不加小包装而进行原样装卸，即“散装处理”；对包装的货物以托盘、集装箱、集装袋等为单位组合后再进行装卸，即“单元组合处理”。实现单元组合，可以充分利用机械进行操作，提高装卸作业的有效程度。

合理分解装卸搬运活动，对于改进装卸搬运各项作业，提高装卸搬运效率有着重要的意义。因此，应尽量采用现代化管理方法和手段，如排队论、网络技术、人–机系统的应用等，以改善作业方法，从而实现装卸作业的连贯、顺畅、均衡和装卸搬运的合理化及高效化。

（6）实现装卸作业省力化。我国在实现装卸省力化方面积累了很多经验，主要包括以下三个方面。

利用物体本身的重力。任何被移动的物体都会产生一定的重力，重力对物料的移动是一个不利因素，但可将不利因素转化为有利因素，可将重力转变为促使物料移动的动力。例如，在对火车、汽车进行卸车时，利用力学原理，使用滑板、滑槽等，靠货物在斜面上产生的水平分力从高处降到低处，并产生一定的水平位移，完成货物的卸车作业。为了减小作业面的摩擦阻力，应选用摩擦系数小的光滑斜面，或变滑动摩擦为滚动摩擦，还可采用安装了滚轮、辊柱或滚动轴承的斜面，通过调节斜面的倾角，控制货物的下滑速度。这种方法不需要复杂的设备，不消耗能源，可大大减轻作业人员的劳动强度，达到省力的目的。

缩小垂直位移。货物装卸车辆主要是产生以垂直为主的位移。为了达到省力的目的，应设法尽量缩小货物在垂直方向上所产生的位移。例如，可使存放货物的地面与运输车辆的车底保持在同一水平面上，这样就可以减少相对于车辆高度的一段垂直位移，装卸人员可直接进入车内进行作业。为达到上述目的，可设库边站台或开挖地沟，使车底与库边站台地面和库内地面平齐。

减轻搬运阻力。在物料搬运过程中，必须克服由于物体的重力所产生的阻力。为了达到省力的目的，就要设法将这种阻力减至最小。例如，用人力手工搬运、肩扛搬运货物，是完全由人的体力去克服货物的全部重力；而如果使用人力拖动车辆搬运，则只需要少量人力。

第二节 运输管理

一、运输的概念

根据国家标准GB/T 18354—2021《物流术语》中的规定，运输是指利用载运工具、设施设备及人力等运力资源，使货物在较大空间上产生位置移动的活动。其中包括集货、分配、搬运、中转、装入、卸下、分散等一系列操作。

运输是物流的主要功能之一，也是物流的基本活动要素。运输具有扩大市场、稳定价格、促进社会分工、提高流通效率、增强国防等重要作用。运输事业是生产在流通过程中的延续，是国民经济的重要组成部分，也是国民经济发展中生产部门、流通企业的强大支柱，在国民经济中具有重要地位。

二、运输的功能

运输的功能主要表现在物品的转移和物品的储存两个方面。

（一）物品的转移

无论物品是原材料、零部件、装配件、在制品、产成品等哪一种形式，也不管物品即将从供应链的上游被转移到下游哪里，运输都是必不可少的。运输的主要功能之一，就是物品在价值链中的来回移动。当运输使得物品的价值在被转移的过程中增加时，该物品的移动才是重要的。

运输的主要目的就是要以最少的时间、最省的财务费用、最低的环境资源成本，将物品从供应地转移到规定地点。此外，物品损坏、灭失的费用也必须是最低的；同时，物品转移所采用的方式必须能够满足顾客有关交付履行和装运信息的可得性等方面的要求。

（二）物品的储存

对物品进行临时性储存是一个特殊的运输功能，即将运输工具作为临时储存设施使用。物品在流通的过程中，有时可能需要的是一个非常短期（如一两天）的储存，在储存期结束后又将被再次转移，此时该物品的仓储成本（包括租金、人工、管理费用等）也许会超过储存在运输工具中的费用。在这种情况下，选择运输工具进行短期、临时性的储存有可能更加经济。

在企业的仓储空间有限的情况下，利用运输工具储存物品也许不失为一种可行的选择。可以采取的一种方法是，将物品装到运输工具上，然后采用迂回运输线路或间接运输线路运往目的地。对于迂回运输线路来说，转移时间将大于直达运输线路的时间。当起运地或目的地仓库的储存能力有限时，这样做是有其合理性的。从本质上来说，这种运输工具被当作一种临时的储存设施，但它是移动的，不处于闲置状态。

概括地说，当需要考虑装卸成本、仓容限制、延长前置时间的能力时，即使用运输工具来储存物品可能是昂贵的，但从物流总成本或完成任务的角度来看，或许却是正确的。

三、运输的分类

按照不同的分类标准，可以将运输作如下四种划分。

（一）按运输工具不同分类

按运输工具不同，可以将运输分为公路运输、铁路运输、水路运输、航空运输和管道运输。

（二）按运输线路不同分类

按运输线路不同，可以将运输分为干线运输、支线运输、城市运输和企业内运输。

（三）按照运输作用不同分类

按照运输作用不同，可以将运输分为集货运输和配货运输。

（四）按照运输的协作程度不同分类

按照运输的协作程度不同，可以将运输分为一般运输、联合运输和多式联运。

目前，在国家标准的相关术语中，对于“联运”并未正式提及，但从实际应用中来看，联运可以这样来理解：是几种独立的运输方式的简单叠加，且每种运输方式有独立的经营人、独立的运输合同、独立的运输路段、独立的运费率及独立的运输单据。

四、运输的合理化

运输的合理化是指从物流运输系统的整体出发，在组织运输活动的过程中，选择合理的运输线路和运输工具，以最短的路径、最少的环节、最快的速度、最省的时间和最少的劳动消耗来完成货物运输。运输的合理化主要包括运输方式的合理化和运输路径的合理化。

（一）运输合理化的影响因素

实际上，影响运输合理化的因素是非常多的，但起决定性作用的，主要有以下五个方面，常常被称为运输合理化的“五要素”。

1. 运输距离

通常来说，运输距离的长短是衡量运输是否合理的一个最基本因素，这是因为涉及运输经济技术指标的关键因素几乎都与运输距离存在较强的正相关关系，例如，运输时间、运费、货损货差、车辆或船舶周转等。缩短运距既具有宏观的社会效益，也具有微观的企业效益。

2. 运输环节

在完成货物每一个批次的运输过程中，每当货物需要中转，则必然会增加装卸、搬运、分拨、包装等其中的一项或若干项附属作业。这些附属作业量的增加，不仅浪费了时间、影响了效率、提高了成本，同时还降低了运输的效益。因此，减少运输环节，尤其是减少同一工具的运输环节，是运输合理化的基本条件之一。

3. 运输方式

各种运输方式都有它的优势和劣势，合理地选择、组织运输方式，最大限度地扬长避短，并根据各种运输方式的特点进行装卸、搬运、包装等附属作业是运输合理化的重要一环。

4. 运输时间

在整个物流系统中，除了仓储以外，运输也是最耗费时间的物流活动，尤其在长距离运输的情况下，运输对于时间的占用就更加明显了。因此，缩短运输时间对缩短整个物流时间具有决定性的意义。同时，缩短运输时间对于加速运输工具的周转也是立竿见影的，能够更好地发掘运力，提高车船的周转次数。

5. 运输费用

运输费用在全部物流成本中占有非常大的比例，运费的高低通常是衡量运输是否合理的一个重要标志，是企业采取的运输措施是否有效的判断依据，在一定程度上决定了整个物流系统的竞争能力。因此，降低运费是企业组织物流管理的一个重要目标。

（二）运输合理化的途径

实现运输合理化有以下几种方法。

1. 合理选择运输方式

各种方式都有其各自的适用范围和不同的技术经济特征，选择时应进行比较和综合分析。首先要考虑运输成本的高低和运行速度的快慢，甚至还应考虑商品的性质、数量的大小、运距的远近、货主需要的环境及风险程度。

2. 合理选择运输工具

根据不同商品的性质和数量选择不同类型、额定吨位、相对温湿度适宜的运输车辆。

3. 正确选择运输路线

一般应尽量安排直达、快速运输，尽可能缩短运输时间。否则，可安排沿路或循环运输，以提高车辆的容积利用率和里程利用率。

4. 提高货物包装质量并改进运输中的包装方法

货物运输线路的长短、装卸操作次数的多少都会影响商品的完好程度，所以应合理地选择包装物料，以提高包装质量。另外，有些商品的运输线路较短，且要采取特殊的放置方法，则应改变相应的包装。

5. 提高车辆的装载技术

一方面最大限度地利用车船载重吨位和装载容积，另一方面可采用零担货物拼整车发运的办法。

第三节　仓储与仓库管理

一、仓储概述

（一）仓储的概念

仓储是指利用仓库及相关设施、设备进行物品的入库、储存、出库的活动。仓储通过仓库或特定的场所对有形物品进行保管、控制等管理，从克服产需之间的时间差异中获得更好的效用。

（二）仓储的功能

仓储的功能主要分为基本功能、增值功能和社会功能三个方面。

1. 基本功能

基本功能指为了满足市场的基本储存需求，仓库所具有的基本的操作或行为，包括储存、保管、集散等基础作业。

2. 增值功能

增值功能是指通过仓储高质量的作业和服务，使经营方或供需方获取除这一部分以外的利益，这个过程称为附加增值。例如，加工服务、信息的传递等都属于仓储的增值功能。

3.社会功能

社会功能是指仓储的基础作业和增值作业会给整个社会物流过程的运转带来不同的影响，良好的仓储作业与管理会带来正面的影响；反之，会带来负面效应。社会功能主要包括三个方面：①时间调整功能；②价格调整功能；③衔接商品流通功能。

（三）仓储的分类

虽然说仓储的本质都是物品的储藏和保管，但由于经营主体、仓储对象、经营方式、仓储功能等方面的不同，不同的仓储活动也具有不同的特性。

（1）按仓储经营主体划分，可分为企业自营仓储、营业仓储、公共仓储、战略储备仓储。

（2）按仓储对象划分，可分为普通物品仓储、特殊物品仓储。

（3）按仓储功能划分，可分为储存仓储、物流中心仓储、配送仓储、运输转换仓储、保税仓储。

（4）按仓储物的处理方式划分，可分为保管式仓储、加工式仓储、消费式仓储。

二、仓库概述

（一）仓库的概念

有了仓储，就必然要有仓库。仓库是一个古老的概念，“仓”是指用于存放粮食的场所；“库”是指用于存放兵器的场所。根据国家标准GB/T 18354—2021《物流术语》的定义，仓库是指用于储存、保管物品的建筑物和场所的总称。

仓库曾经被认为只具备仓储的职能，而现在库存的“流速”已成为评价仓库职能的重要指标，仓库是“河流”而不再是“水库”或“蓄水池”。对仓储管理的要求已从静态管理向动态管理发生了根本性的转变，对仓储管理的基础工作也提出了更高的要求。因此，从现代物流系统的角度来看，仓库是从事储存、包装、分拣、流通加工、配送等物流作业活动的物流节点设施。

现代物流仓库的功能，已经伴随着生产方式和消费方式的不断发展，从单纯的物资存储保管发展到具有担负物资的接收、检验分类、包装、分拣、加工、配送、转换运输方式等各种功能。现代物流提倡仓库中的物品具有流动性，是有时长需求、按客户订单生产的产品。

（二）仓库的功能

仓库作为物流服务的据点，在物流作业中发挥着重要的作用。它不仅具有储存、保管等传统功能，而且还具有拣选、配货、检验、分类、信息传递等功能，并具有多品种小批量、多批次小批量等配送功能，以及附加标签、重新包装等流通加工功能。一般来讲，仓库具有以下四种功能：①储存和保管的功能；②配送和加工的功能；③调节货物运输能力的功能；④信息传递的功能。

（三）仓库的分类

仓库的类型很多，根据不同的标准主要包括以下几种分类。

1.按使用范围分类，可分为自用仓库、营业仓库、公用仓库、专用仓库。

2.按功能分类，可分为流通型仓库、储存型仓库等。

3.按保管的物品分类，可分为综合仓库、原料产品仓库、专用仓库、危险品仓库、冷藏仓库、恒温仓库、储备仓库、水面仓库、保税仓库等。

4.按建筑结构分类，可分为平房仓库、楼房仓库、高层货架仓库、罐式仓库、筒仓仓库、简易仓库等。

三、仓储合理化的概念与标志

（一）仓储合理化概念

仓储合理化就是用最经济的办法实现仓储的功能，这是合理化的前提和本质。实现合理化的仓储首先要明确仓储合理化的标志及实现仓储的功能；其次，如果对仓储功能的实现过分强调，又会导致仓储的数量过大。因此，合理仓储的实质是尽量保证在低成本的投入下实现仓储功能。

（二）仓储合理化的标志

实现最低成本而又能充分满足客户需求的仓储数量是衡量仓储管理中合理化的一项原则。其具体包括质量标志、数量标志、时间标志、结构标志、费用标志和分布标志六项。

（三）仓储合理化的途径和方法

实现仓储合理化的途径主要包括以下五个方面。

1.科学选址

仓库位置的设置，对于物品流通速度的快慢和流通费用的大小有着直接的影响。仓库选址要考虑临近的交通运输条件；宜建于中心地，与各销售单位呈辐射状；应掌握物流距离最短的原则；尽可能避免物品运输的迂回倒流；大型仓库要根据运输车进出的条件选址，附近的道路和桥梁要有相应的通过能力。

2. 设置合理的物品存储数量和品种结构

影响存储数量和品种结构的因素很多，主要包括三个因素：①社会需求量，社会需求量越大，库存储备量就越多；②运输条件，运输条件好，运输时间短，则仓储数量可以相应减少；③物流管理水平和技术装备条件，例如进货渠道、中间环节、仓库技术作业等，都将直接或间接地影响物品库存量的水平。

3. 控制物品的周转天数

每类物品要有恰当的储备保管天数。合理的仓储时间要求储备天数不能太长也不能太短，储备天数过长就会造成资金占用；储备天数过短就不能保证供应。仓储时间主要应根据流通销售速度来确定，其他如运输时间、验收时间等也是应考虑的影响因素。此外，某些物品的仓储时间还受该物品的性质和特点影响。

4. 科学地进行仓储网络分布

仓储网络分布指不同地区仓储的数量比例关系。仓储网络分布可用于判断仓储数量与当地需求比、对需求的保障程度，也可以由此判断对整个物流的影响。仓储网点布局直接影响仓库的供货范围，对生产领域和流通领域都有较大的影响。生产系统的企业仓库网点少，储存量相对集中，库存占用资金较少，但要求送货服务质量水平很高，否则，可能延误生产；流通系统的批发企业仓储网点相对集中，要考虑相对加大储存量，以起到“蓄水池”的作用；零售企业一般附设小型仓库，储存量较小，应当加快商品周转；采用集中配送货物的连锁店，可将库存降至最低水平甚至是“零库存”。

5. 保护物品质量

保证仓储物的质量，是完善仓储功能的根本要求，只有这样，物品的使用价值才能通过物流得以最终实现。

此外，运用现代的物流技术和仓储设备，提高仓储管理的信息化程度，提高作业人员的专业技能，运用科学的管理技术和方法，有选择性地进行仓储业务外包，重点降低存货持有成本等，都是仓储合理化的途径和方法。

四、仓储库存量的控制与优化

（一）库存与库存控制

1. 库存的含义及类型

库存是指在社会物质流动过程中，为了保证整个过程的连续性和均衡性，而在不同领域储备的物资。或者说，库存是指企业在生产经营中为现在和将来的生产或者销售而储备的资源。广义的库存还包括处于制造加工状态和运输状态的物品。需要注意以下问题：物品所停滞的位置不仅是在仓库中，同时也在生产线上、在车间里、在车站里、在运输途中等非仓库的任何位置；物流停滞状态可能由任何原因引起，而不一定是某种特殊的停滞。这些原因主要是能动的各种形态的储备、被动的各种形态的仓储、完全积压等。

库存从属性上看，具有二重性：一方面，库存是生产和生活的前提条件；另一方面，库存又是生产和生活的负担，是一种资金的占用，要为此支付多种费用，不仅要负担常规的货物保管费用，还要承担库存损失和库存风险。因此，库存不能简单地予以消灭。

2.库存成本的构成

库存成本是指与取得拥有存货有关的一切成本的总和。它是物流作业成本中的一个主要组成部分。对于一般的制造企业来说，库存成本占物流总成本的比例接近37%。对于批发商、配送商和零售商来说，既然存货占有相对较大的资产比例，那么，他们所承担的库存成本与制造商相比，在物流总成本中将占有更高的百分比。库存成本的构成主要包括三个方面，即库存持有成本、订货或生产准备成本和缺货成本。库存成本中还有一个不显眼的因素就是在途存货成本。

（二）影响库存控制决策的因素

在众多影响库存控制决策的因素中，以下五个因素是不可忽视的。

1.需求特性因素

（1）确定性需求和非确定性需求。需求可分为确定性需求和非确定性需求，确定性需求指生产系统对物资的需求是可以预先确定的；反之则称为非确定性需求。确定性需求的生产系统的库存控制工作比较容易，管理者只须采用确定性的模型订货，保证进货的速度与需求消耗速度同步，便能维持合理的库存水平；而非确定性需求的生产系统的库存控制工作则比较复杂，由于需求情况频繁变动及众多的不确定性因素的影响，无法准确地预估，因此管理者要采用随机性模型控制库存，并且在考虑正常需求的同时，还要考虑保持一定的安全存量作为额外的库存储备。

（2）规律性变化需求和随机性变化需求。需求也可分为规律性变化与随机性变化需求两大类，如果生产系统的物资需求变化是有规律可循的，管理者在进行库存控制时，可以根据需求的变化规律进行库存控制，需求旺季增大库存，淡季则降低库存，使系统的整体库存处于合理水平。如果生产系统对物资的需求是随机的，难以准确地预测，则须在设定正常库存的基础上，进一步建立额外的安全库存，以防范突然出现的需求变化。

（3）独立性需求和相关性需求

需求还可分为独立性需求与相关性需求两大类。如果某种物资的需求独立于对其他物资的需求，则称之为独立性需求。例如，对汽车的需求相对于对计算机的需求是独立性需求，而汽车的需求却与汽车轮胎的生产是有关的，是相关性需求。相关性需求是某种物资的需求依赖于对其他物资的需求，即各种产品的生产所耗用的各种物资间存在着关联关系，因此，在进行企业的生产计划编制时，应该考虑采用相关性需求技术。

2.订货提前期

订货提前期是影响库存控制决策的另一重要因素。订货提前期是指从发出订货指令到订购物资进入仓库所需要的时间。显然订货提前期的时间值越大，库房的储存量就越大。因此，在考虑订货的决策时，物资的订货提前期是必须考虑的因素。

3.物资单价

物资的价格越高，库存资金数额也就越多，对这样的物资是不应该掉以轻心的，一些企业会增加采购次数缩减库存量，这也是库存控制的手段之一。

4.保管费用与订货费用

在进行库存前须订购货物，且每次订货都会发生一定的交易费用，如检验费用、手续费用、谈判费用、差旅费等，这些费用与订货次数成正比，因此若订货费用大，应考虑减少订货次数。有了库存就必须进行保管，也就需要保管费用，显然保管费用数额与库存量成正相关关系，所以应该把保管费用高的产品物资库存控制在适当的水平上。

5.服务水平

库存是为了满足用户需求而储存资源的，满足的程度用服务水平来衡量，服务水平是指满足用户需求的百分比，当整个生产系统能够满足全部用户的订货需求时，称服务水平为100%；当能满足95%的需求时，称服务水平为95%，也称此时的生产系统的缺货概率为5%。

由于用户需求通常无法准确预测，因此，常采用增大库存储备的方法来提高系统的服务水平。在库存增加后，当用户的需求变化时，如果企业生产一时无法满足用户需求，则可以通过动用企业库存使用户需求得到满足。库存量的增加，意味着企业要占用更多的资金，产生更大的成本，因此对企业而言，盲目地提高服务水平并不一定会给企业带来期望的经济效益，应将服务水平定在一个合理的水平上，若定得太高，企业为此付出的代价是投入更多的资金，产生更大的成本。

（三）库存控制的方法

库存管理也称库存控制，是指对制造业或服务业生产、经营全过程的各种物品、产成品及其他资源进行管理和控制，使其储备保持经济合理的水平，是企业根据外界对库存的要求与订购的特点，对库存进行预测、计划和执行的一种管理措施，并对这种管理措施动态监控。它的重点在于确定如何订货、订购多少、何时订货等问题。传统的观念认为仓库里的商品多，表明企业兴隆；现在则认为零库存是最好的库存管理。库存多，占用资金多，利息负担加重。但是，如果过分降低库存，则会加大短缺成本，造成货源短缺。

当库存管理控制不当时会导致库存的不足或过剩，前者将会错过销售的机会，甚至失去客户，商誉下降；后者则会增加库存的持有成本。

目前，在库存管理中常用的方法有两种类型：一种是传统的库存管理方法；另一种是现代的库存管理方法。对于传统的库存管理方法，主要包括定量订购与定期订购方法、ABC库存控制方法和经济订货批量等。现代库存控制方法主要包括MRP（Material Requirement Planning，物资需求计划）与MRP Ⅱ库存控制方法、ERP（Enterprise Resource Planning，企业资源计划）和JIT（Just In Time，准时生产）库存控制方法等。

第四节　流通加工管理

一、流通加工的概念

GB/T 18354—2021《物流术语》中的流通加工是指根据顾客的需要，在流通过程中对产品实施的简单加工作业活动（如包装、分割、计量、分拣、刷标志、拴标签、组装、组配等）的总称。

流通加工是为了提高物流速度和物品的利用率，在物品进入流通领域后，按客户的要求进行的加工活动，即在物品从生产者向消费者流动的过程中，为了促进销售、维护商品质量和提高物流效率，对物品进行一定程度的加工。

流通加工通过改变或完善流通对象的形态来实现“桥梁和纽带”的作用，因此，流通加工是流通中的一种特殊形式。经济增长，国民收入增多，消费者的需求出现多样化，促使在流通领域开展流通加工。目前，在世界许多国家和地区的物流中心或仓库经营中都大量存在流通加工业务，在日本、美国等物流发达国家则更为普遍。

二、流通加工与生产加工的区别

流通加工与生产加工不同，主要存在于以下四点。

（一）加工对象不同

流通加工的对象是进入流通过程的商品，具有商品的属性，以此来区别多环节生产加工中的一环。流通加工的对象是商品，而生产加工的对象不是最终产品，而是原材料、零配件或半成品。

（二）加工程度不同

流通加工大多是简单加工，而不是复杂加工，一般来讲，如果必须进行复杂加工才能形成人们所需的商品，那么，这种复杂加工应该专设生产加工过程。生产过程理应完成大部分加工活动，流通加工则是对生产加工的一种辅助及补充。特别需要指出的是，流通加工绝不是对生产加工的取消或代替。

（三）加工目的不同

生产加工的目的在于创造价值及使用价值，而流通加工的目的则在于完善其使用价值，并在不做大的改变的情况下提高其价值。

（四）加工责任不同

流通加工的组织者是从事流通工作的人员，能密切结合流通的需要进行加工活动。从加工单位来看，流通加工由商业或物资流通企业完成，而生产加工则由生产企业完成。

三、流通加工的主要形式

根据不同的目的，流通加工具有以下十种不同的类型。

（一）为适应多样化需要的流通加工

生产部门为了实现高效率、大批量的生产，其产品往往不能完全满足用户的要求。这样，为了满足用户对产品多样化的需要，同时又要保证高效率的大生产，可将生产出来的单一化、标准化的产品进行多样化的改制加工。例如，对钢材卷板的舒展、剪切加工；平板玻璃按需要规格的开片加工；木材改制成枕木、板材、方材等加工。

（二）为方便消费、省力的流通加工

根据下游生产的需要将商品加工成生产直接可用的状态。例如，根据需要将钢材定尺、定型，按要求下料；将木材制成可直接投入使用的各种型材；将水泥制成混凝土拌和料，使用时只需稍加搅拌即可使用等。

（三）为保护产品所进行的流通加工

在物流过程中，为了保护商品的使用价值，延长商品在生产和使用期间的寿命，防止商品在运输、储存、装卸搬运、包装等过程中遭受损失，可以采取稳固、改装、保鲜、冷冻、涂油等方式。例如，水产品、肉类、蛋类的保鲜、保质的冷冻加工、防腐加工等；丝、麻、棉织品的防虫、防霉加工等；为防止金属材料的锈蚀而进行的喷漆、涂防锈油等

措施，运用手工、机械或化学方法除锈；木材的防腐朽、防干裂加工；煤炭的防高温自燃加工；水泥的防潮、防湿加工等。

（四）为弥补生产领域加工不足的流通加工

由于受到各种因素的限制，许多产品在生产领域的加工只能到一定程度，而不能完全实现客户所需的产品形态。例如，木材如果在产地完成成材加工或制成木制品的话，就会给运输带来极大的困难，所以，在生产领域只能加工到圆木、板、方材这个程度，进一步的下料、切裁、处理等加工则由流通加工完成；钢铁厂的大规模生产只能按固定的规格进行，以使产品有较强的通用性，而清理、剪切、冲压等工序则由流通加工进行。

（五）为促进销售的流通加工

流通加工也可以起到促进销售的作用。常见的主要包括：将过大包装或散装物分装成适合依次销售的小包装的分装加工；将以保护商品为主的运输包装改换成以适宜销售的包装加工等。例如，红酒用橡木桶从原产地海运至香港，在香港进行分装至玻璃瓶中，贴上红酒的销售标签，以起到吸引消费者、促进销售的作用；将蔬菜、肉类等洗净切块以满足消费者要求等。

（六）为提高加工效率的流通加工

许多生产企业的初级加工由于数量有限，加工效率不高，而流通加工以集中加工的形式，解决了单个企业加工效率不高的弊病。它以一家流通加工企业的集中加工代替了若干家生产企业的初级加工，促使生产水平有了一定的提高。

（七）为提高物流效率，降低物流损失的流通加工

有些商品本身的形态使之难以进行物流操作，而且商品在运输、装卸搬运过程中也极易受损，因此需要进行适当的流通加工加以弥补，从而使物流各环节易于操作，提高物流效率，降低物流损失。例如，造纸用的木材磨成木屑的流通加工，可以极大地提高运输工具的装载效率；自行车在消费地区的装配加工可以提高运输效率，降低损失；石油气的液化加工，使很难输送的气态物转变为容易输送的液态物，也可以提高物流效率。

（八）为衔接不同运输方式，使物流更加合理的流通加工

在干线运输和支线运输的节点设置流通加工环节，可以有效解决大批量、低成本、长距离的干线运输与多品种、少批量、多批次的末端运输和集货运输之间的衔接问题。在流通加工点与大生产企业间形成大批量、定点运输的渠道，以流通加工中心为核心，组织对

多个用户的配送，也可以在流通加工点将运输包装转换为销售包装，从而有效衔接不同目的的运输方式。例如，散装水泥中转仓库把散装水泥装袋、将大规模散装水泥转化为小规模散装水泥的流通加工，就衔接了水泥厂大批量运输和工地小批量装运的需要。

（九）生产—流通一体化的流通加工

依靠生产企业和流通企业的联合，或者生产企业涉足流通，或者流通企业涉足生产，形成的对生产与流通加工进行合理分工、合理规划、合理组织的统筹安排，这就是生产—流通一体化的流通加工形式。这种形式可以促成产品结构及产业结构的调整，充分发挥企业集团的经济技术优势，是目前流通加工领域的新形式。

（十）为实施配送进行的流通加工

这种流通加工形式是配送中心为了实现配送活动，满足客户的需要而对物资进行的加工。例如，混凝土搅拌车可以根据客户的要求，把砂石、水泥、水等材料按比例要求装入可旋转的罐中，在配送路途中，汽车边行驶边搅拌，到达施工现场后，混凝土已经均匀搅拌好，可以直接投入使用。

四、流通加工的合理化

要实现流通加工的合理化，主要应从以下五个方面加以考虑。

（一）加工和配送相结合

加工和配送相结合就是将流通加工设置在配送点中。一方面，可以按配送的需要进行加工，另一方面，加工又是配送作业流程中分货、拣货、配货的重要一环，加工后的产品直接投入到配货作业，这就无须单独设置一个加工的中间环节，而使流通加工与中转流通巧妙地结合在一起。同时，由于配送之前有必要的加工，可以使配送服务水平大大提高，这是当前对流通加工做合理选择的重要形式，在煤炭、水泥等产品的流通中已经表现出较大的优势。

（二）加工和配套相结合

“配套”是指将使用上有联系的用品集合成套地供应给用户使用。例如，方便食品的配套。当然，配套的主体来自各个生产企业，如方便食品中的方便面，就是由其生产企业配套生产的。但是，有的配套不能由某个生产企业全部完成，如方便食品中的盘菜、汤料等。这样，在物流企业进行适当的流通加工，可以有效地促成配套，大大提高流通作为供需桥梁与纽带的能力。

（三）加工和合理运输相结合

我们知道，流通加工能有效地衔接干线运输和支线运输，促进两种运输形式的合理化。利用流通加工，在支线运输转干线运输或干线运输转支线运输等这些必须停顿的环节，不进行一般的支转干或干转支，而是按干线或支线运输合理的要求进行适当加工，从而大大提高运输及运输转载水平。

（四）加工和合理商流相结合

流通加工也能起到促进销售的作用，从而使商流合理化，这也是流通加工合理化的方向之一。加工和配送相结合，通过流通加工，提高了配送水平，促进了销售，使加工与商流合理结合。此外，通过简单地改变包装加工形成方便的购买量，通过组装加工解除用户使用前进行组装、调试的难处，都是有效促进商流的很好例证。

（五）加工和节约相结合

节约能源、节约设备、节约人力、减少耗费是流通加工合理化重要的考虑因素，也是目前我国设置流通加工并考虑其合理化的较普遍形式。

对于流通加工合理化的最终判断，是看其是否能实现社会的和企业本身的两个效益，而且是否取得了最优效益。流通企业更应该树立社会效益第一的观念，以实现产品生产的最终利益为原则，只有在生产流通过程中以不断补充、完善为己任的前提下才有生存的价值。如果只是追求企业的局部效益，不适当地进行加工，甚至与生产企业争利，这就有违流通加工的初衷。

第五节　配送管理合理化

一、配送的概念

根据国家标准GB/T 18354—2021《物流术语》的规定，配送是指根据客户要求，对物品进行分类、拣选、集货、包装、组配等作业，并按时送达指定地点的物流活动。配送具有以下五个基本特征。

①配送是根据用户的需求，接近用户进行资源配置的全过程。用户对物资配送的要求包括数量、品种、规格、供货周期、供货时间等。配送与商流相结合，配送本身就是一种商业形式。商流与物流越来越紧密地结合，是配送成功的重要保障。配送要在恰当的时间、恰当的方式、恰当的费用将商品最终传递给用户，同时把优质的服务传递给用户。因

此，配送连接物流和消费者，直接面对消费者多样的服务要求。配送功能完成的质量及达到的服务水准，最直接而又具体地反映了物流系统对需求的满足程度。

②配送是流通加工、整理、拣选、分类、配货、末端运输等一系列活动的有机结合体。

③配送是专业化的分工方式，是大生产、专业化分工在流通领域的体现。准确而又稳定的配送系统可以保证供给，同时最大限度地降低生产或者流通企业的商品库存，从而降低运营的总成本。

④配送在将货物送交收货人后即告完成。

⑤配送应在经济合理的范围内进行。

二、配送模式

配送模式是企业对配送所采用的基本战略和方法。它是指构成配送运动的诸要素的组合形态及其运动的标准形式，是适应经济发展需要并根据配送对象的性质、特点及工艺流程而相对固定的配送规律。配送模式按照配送流程、配送承担者两种划分标准分别进行以下两种分类。

（一）按物流配送流程分类

按照物流配送的流程，配送模式可以分为三种类型：①集货型配送模式；②散货型配送模式；③集货与散货混合型配送模式。

（二）按物流配送承担者分类

按照配送承担者不同，配送模式可分为四种类型：①供应商直接配送模式；②自营配送模式；③第三方物流配送模式；④自营与第三方物流混合配送模式。

三、配送管理

配送管理是指为了以最低的配送成本达到用户满意的服务水平，对配送活动进行的计划、组织、协调和控制活动。

按照配送管理进行的顺序，可以将配送管理划分为三个阶段：计划阶段、实施阶段和评价阶段。

（一）配送计划阶段

配送计划是指配送企业或配送中心在一定的时间内编制的生产计划。它是配送中心生产经营的首要职能和中心环节。

配送计划的主要内容应包括对配送的时间、车辆、货物装载及配送路线、配送顺序等的具体选择。

1.配送计划的种类

配送中心的配送计划一般包括配送主计划、日配送计划和特殊配送计划。

配送主计划是指针对未来一定时期内，对已知客户需求进行前期的配送规划，便于对车辆、人员、支出等进行统筹安排，以满足客户的需要。日配送计划是配送中心逐日进行实际配送作业的调度计划。特殊配送计划是指配送中心针对突发事件或者不在主计划规划范围内的配送业务，或者不影响正常性每日配送业务所做的计划。它是配送主计划和每日配送计划的必要补充，如商场进行促销活动，可能会导致短期内配送需求量突然增加，这都需要制订特殊配送计划，增强配送业务的柔性，提高服务水平。

2.配送计划的内容

配送计划通常包括如下内容。

①按日期排定用户所需商品的品种、规格、数量、送达时间、送达地点、送货车辆与人员等。

②优化车辆行走路线与运送车辆趟次，并将送货地址和车辆行走路线在地图上标明或在表格中列出。如何选择配送距离短、配送时间短、配送成本低的线路，这需要根据用户的具体位置、沿途的交通情况等做出优先选择和判断。除此之外，还必须考虑有些客户或其所在地点环境对送货时间、车型等方面的特殊要求，例如有些客户一般不在上午或晚上收货，有些道路在某高峰期实行特殊的交通管制等。因此，确定配送批次顺序应与配送线路优化综合起来考虑。

③按用户需要的时间并结合运输距离确定起运提前期。

④按用户要求选择送达服务方式。配送计划确定之后，向各配送点下达配送任务。依据计划调度运输车辆、装卸机械及相关作业班组与人员，并指派专人将商品送达时间、品种、规格、数量通知客户，使客户按计划准备接货。

3.配送计划的依据

编制配送计划的主要依据包括以下四点。

①客户订单。客户订单一般对配送商品的品种、规格、数量、送货时间、送达地点、收货方式等都有要求。因此，客户订单是拟订运送计划的最基本的依据。

②客户分布、运输路线、距离。客户分布是指客户的地理位置分布。客户位置离配送据点的距离长短、配送据点到达客户收货地点的路径选择，直接影响输送成本。

③配送货物的体积、形状、重量、性能、运输要求。配送货物的体积、形状、重量、性能、运输要求是决定运输方式、车辆种类、载重、容积、装卸设备的制约因素。

④运输、装卸条件。运输道路交通状况、运达地点及其作业地理环境、装卸货时间、

天气气候等对输送作业的效率也起较大的约束作用。

4.配送计划的制定

在充分掌握以上依据所列的必需的信息资料后，由电子计算机编制，最后形成配送计划表，或由计算机直接向具体执行部门下达指令。

在不具备上述手段而由人工编制计划时，其主要步骤包括以下五个。

①按日汇总各用户需求资料，用地图标明，也可用表格列出；

②计算各用户送货所需时间，以确定起送提前期；

③确定每日各配送点的配送计划，可用图上或表上作业法完成，也可计算；

④按计划的要求选择配送手段；

⑤以表格形式拟订详细的配送计划。

（二）配送实施阶段

配送计划的实施过程，通常分为五个阶段。

1.下达配送计划

下达配送计划，即通知用户和配送点，以使用户按计划准备接货，使配送点按计划组织送货。

2.配送点配货

各配送点按配送计划落实货物和运力，对数量、种类不符合要求的货物，组织进货。

3.下达配送任务

下达配送任务，即配送点向运输部门、仓库、分货包装及财务部门下达配送任务，各部门组织落实任务。

4.发送

理货部门按要求将各用户所需的各种货物，进行分货、配货、配装，并将送货交接单交驾驶员或随车送货人。

5.配达

车辆按规定路线将货物送达用户，用户点接后在回执上签章。配送任务完成后，财务部门进行结算。

（三）配送服务质量评价阶段

配送服务质量评价是衡量配送服务是否能够满足货主或本企业的配送的要求，是否能保证货物安全、快速、准确、及时地送达。当配送计划完成后，对配送计划的执行情况进行分析和评价，为了直观、具有可操作性的评价，除了定性评价之外，更重要的是能够定量评价，因此，评价结果可以通过设定的指标来体现。评价企业配送质量可通过安全性、及时性、准确性、经济性四大指标来评价。

四、配送的合理化

（一）配送合理化的表现

对于配送合理化与否的判断，是配送决策系统的重要内容，目前国内外尚无一定的技术经济指标体系和判断方法，按一般认识，以下七种是判断配送合理与否的重要标志。

1. 库存标志

库存是判断配送合理与否的重要标志。具体指标有以下两方面。

（1）库存总量

在一个配送系统中，库存是从分散于各个用户转移给配送中心施行一定程度的集中库存。在实行配送后，配送中心库存数量加上各用户在实行配送后库存数量之和应低于实行配送前各用户库存量之和。

（2）库存周转

由于配送企业的调剂作用，以低库存保持高的供应能力，库存周转一般总是快于原来各企业库存周转。此外，从各个用户角度进行判断，各用户在实行配送前后的库存周转比较，也是判断配送管理合理与否的标志。

2. 资金标志

总的来讲，实行配送应有利于资金占用降低及资金运用的科学化，具体判断指标有以下三个。

（1）资金总量

用于资源筹措所占用流动资金总量，随储备总量的下降及供应方式的改变必然有一个较大的降低。

（2）资金周转

从资金运用来讲，由于整个节奏加快、资金充分发挥作用，同样数量的资金，过去需要较长时期才能满足一定的供应要求，配送之后，在较短时期内就能达此目的。因此，资金周转是否加快，是衡量配送合理与否的标志。

（3）资金投向的改变

资金分散投入还是集中投入，是资金调控能力的重要反映。实行配送后，资金必然从分散投入改为集中投入，以增强调控作用。

3. 成本和效益

总效益、宏观效益、微观效益、资源筹措成本都是判断配送合理化的重要标志。由于总效益及宏观效益难以计量，在实际判断时，常以按国家政策进行经营，完成国家税收及配送企业、用户的微观效益来判断。对于配送企业而言，在满足用户要求（即投入确定）的情况下，企业利润反映配送合理化程度；对于用户企业而言，在保证供应水平或提高供应水平（即产出一定）的前提下，供应成本的降低，反映了配送的合理化程度。

4.供应保证标志

实行配送，各用户最担心的是供应保证程度降低，这并不是简单的心态问题，而是可能要承担风险的实际问题。重要的一点是配送必须提高而不是降低对用户的供应保证能力，才算实现了合理。供应保证能力可以从以下三方面判断。

①缺货的次数。实行配送后，缺货次数必须下降才算合理。

②配送企业的集中库存量。对每一个用户而言，其数量所形成的保证供应能力高于配送前单个企业保证程度。

③即时配送的能力及速度。即时配送的能力及速度是用户出现特殊情况的特殊供应保障方式，这一能力必须高于未实行配送前用户紧急进货能力及速度才算合理。特别需要强调一点，配送企业的供应保障能力，是一个科学合理的概念，而不是无限的概念。因而，如果供应保障能力过高，超过了实际的需要，也属于不合理。

5.社会运力节约标志

末端运输是目前运能和运力使用不合理、浪费较大的领域，因而人们寄希望于配送来解决这个问题。这也成了配送合理化的重要标志。

运力使用的合理化是依靠送货运力的规划和整个配送系统的合理流程及与社会运输系统合理衔接实现的。送货运力的规划是任何配送中心都需要花力气解决的问题，可以简化判断如下：社会车辆总数减少，而承运量增加；社会车辆空驶减少；一家一户自营运输减少，社会化运输增加等。

6.用户企业仓库、供应、进货人力物力节约标志

配送的重要作用是以配送为用户代劳。因此，实行配送后，各用户库存量、仓库面积、仓库管理人员减少为合理；用于订货、接货、供应的人减少为合理。真正解除了用户的后顾之忧，配送的合理化程度则可以达到高水平。

7.物流合理化标志

配送必须有利于物流合理，可以从以下几方面判断：是否降低了物流费用；是否减少了物流损失；是否加快了物流速度；是否发挥了各种物流方式的最优效果；是否有效衔接了干线运输和末端运输；是否不增加实际的物流中转次数；是否采用了先进的管理方法及技术手段。物流合理化的问题是配送要解决的大问题，也是衡量配送本身的重要标志。

（二）配送合理化的途径

为了充分发挥配送的效益，防止出现配送不合理的现象，保证配送工作的高效顺利进行，可以通过以下六种途径实现配送合理化。

1. 推行一定综合程度的专业化配送

通过采用专业设备、设施及操作程序，取得较好的配送效果并降低配送过分综合化的复杂程度及难度，从而追求配送合理化。

2. 推行加工和配送结合

通过加工和配送结合，充分利用本来应有的这次中转，而不增加新的中转求得配送合理化。同时，加工借助于配送，加工目的更明确，和用户联系更紧密，更避免了盲目性。这两者有机结合，投入不增加太多却可追求两个优势、两个效益，是配送合理化的重要途径。

3. 推行共同配送

通过共同配送可以以最近的路程、最低的配送成本完成配送，从而追求合理化。

4. 实行送取结合

配送企业与用户建立稳定、密切的协作关系，配送企业不仅成为用户的供应代理人，而且承担用户储存据点的作用，甚至成为产品代销人。在配送时，将用户所需的物资送到，再将该用户生产的产品用同一车运回，这种产品也成为配送中心的配送产品之一，或者作为代存代储，免去了生产企业的库存包袱。这种送取结合，使运力充分利用，也使配送企业功能有更大的发挥空间，从而追求合理化。

5. 推行准时配送系统

准时配送是配送合理化的重要内容。配送做到了准时，用户才有资源把握，可以放心地实施低库存或零库存，可以有效地安排接货的人力、物力，以追求最高效率的工作。另外，保证供应能力，也取决于准时供应。从国外的经验看，准时供应配送系统是现在许多配送企业追求配送合理化的重要手段。

6. 推行即时配送

作为计划配送的应急手段，即时配送是最终解决用户企业担心断供之忧、大幅度提高供应保证能力的重要手段。即时配送是配送企业快速反应能力的具体化，是配送企业能力的体现。即时配送成本较高，但它是整个配送合理化的重要保证手段。此外，当用户实行零库存时，即时配送也是其重要的保证手段。

第三章　物流信息系统的规划与开发

第一节　物流信息系统分类与结构

一、物流信息系统分类

物流信息系统是由人、硬件、软件和数据资源所组成的实现物流信息管理的系统，其目的是及时、正确地收集、处理、存储、传输和提供物流信息。随着互联网技术的应用和发展，物流信息系统通常建立在全球通信网络平台基础上，以完成对物流活动的管理。

可以按以下几个角度进行分类：

（一）按决策层次进行分类

由于一般的企业组织管理均是分层次的，例如常常分为作业管理、管理控制、战略管理3层，所以为它们服务的信息系统也相应地分为3层，即面向作业管理的物流信息系统、面向管理控制的物流信息系统和面向战略管理的物流信息系统。从处理的内容来看，下层的系统一般数据处理量大、信息的结构化程度高；上层的系统一般数据处理量小、信息的结构化程度低。

（二）按应用对象进行分类

供应链上不同的环节、部门所实现的物流功能都不尽相同。根据实体在供应链上发挥的作用和所处的地位，物流信息系统可以分为面向制造企业的物流信息系统、面向流通商的物流信息系统、面向物流企业的物流信息系统及面向供应链管理的物流公共信息平台。

物流公共信息平台是现代物流企业收集和整合资源的重要手段，是为供应链节点企业提供专业化物流服务的重要场所。通过物流公共信息平台，企业可以快速掌握供应链上不同环节的供求信息和物流信息，实现对不同物流环节的远程控制和实时监控。

市场经济的快速发展和生产流通企业对物流整合服务的迫切需求，加速了以供应链管理为核心的物流公共信息平台的兴起。物流公共信息平台是政府部门或者第三方物流企业利用其在信息收集和获取方面的优势，为供应链上所有企业建立的公共平台。物流公共信息平台一方面实现了供应链信息共享，降低了交易成本；另一方面，针对交易活动产生的历史数据进行分析挖掘，创造更高的信息附加价值。

（三）按采用技术进行分类

根据采用技术的不同，物流信息系统可以分为单机系统、内部网络系统以及与合作伙伴和客户互联的系统。

上述三种分类方法从不同的角度对物流信息系统进行了分类。但是，它们之间不是完全孤立的，而是相互结合的，其功能的综合及有机结合构成了支持物流业务发展的物流信息系统。

二、物流信息系统结构

（一）物流信息系统应用结构

物流信息系统应用结构是一种多系统互联模式的结构，是由物流业战略性、基础性的产业性质决定的。信息资源整合是物流信息系统的基本职能之一，物流信息系统是物流信息资源交换和汇集的中心，通过信息标准化建设以及信息交换协议整合不同部门、不同行业的信息资源。

一般来讲，物流信息系统的应用结构包括两个方面：一是企业组织内部各物流活动的信息化管理，在企业内部网络（Intranet）的基础上，采用手工录入方式或利用条码、全球定位系统（GPS）技术等实现现场作业的数据采集，经过仓储、配送等各相关功能模块的处理，为管理决策提供信息服务；二是通过互联网为企业客户提供订单服务和有关的信息查询，并借助电子数据交换（EDI）技术等与各业务相关部门如工商、税务、银行、海关、供应商进行数据交换，实现支持供应链合作的信息系统。

（二）物流信息系统体系结构

物流信息系统体系结构设计的主要目标是设计一个科学化、层次化、智能化、模块化的结构，并给出各个模块之间的层次关系，以满足物流信息系统各使用方的需求。基于分层式的体系结构是目前比较成熟、被大多数物流信息系统所采用的体系结构。

基于分层式的体系结构设计是将物流信息系统分为5个逻辑层，自底向上分别是网络层、基础环境层、应用支撑层、业务应用层和门户层。各层可以调用下层所提供的数据、功能或者服务机制，同层模块和系统之间也可以相互调用。这种分层的体系结构能够很好地分解建设任务，降低各层的复杂度，以便使系统各层的建设任务能够在明确接口定义的基础上同步开发建设，同时也能保证系统各层对所对应的基础技术发展具有相对独立的可扩展性和良好的适应性。

在基于分层式的物流信息系统体系结构中，网络层是指系统的外部公众基础设施；基础环境层是指保证系统运行的软硬件基础环境；应用支撑层是由应用程序服务器系统、数据交换接口等各种中间件软件所构成的；业务应用层提供面向业务人员的业务功能；门户层是为客户提供物流信息服务的平台。在整个系统体系结构模型中，安全机制与管理机制作为保障机制贯穿于各个不同的层面，确保整个系统安全稳定、高效可靠地运行。

（三）物流企业信息系统体系结构

在信息化建设中，人们已经意识到信息共享与资源整合的重要性。在物流企业进行信息系统建设时，把能够实现物流活动全过程管理的信息系统称为物流信息化管理平台。物流信息化管理平台是物流企业实现从传统物流向现代物流转型的重要标志，其目标是将物流企业的所有业务信息系统在统一平台上进行管理和集中展现，通过单点登录、数据共享等方式来达到物流信息资源整合的目的，并为客户和合作伙伴提供统一的物流信息服务。

在门户层中，根据服务内容将门户细分成信息服务门户、物流管理门户和平台管理门户。信息服务门户主要包括综合信息门户网站、电子邮件服务、电话语音服务、手机短消息服务等内容，向物流企业的合作伙伴和客户提供服务，是物流企业物流信息的集中展示平台，通过这个入口，用户可以访问权限范围内的各类信息资源。物流管理门户主要面向物流企业内部的业务人员，通过这个入口，业务人员经过统一的身份认证后，即可登录平台内的所有业务管理系统，并拥有相应的操作权限。平台管理门户主要面向平台的技术支持人员，通过这个入口，技术支持人员可以对平台进行管理和维护。

在业务应用层中，根据服务对象的组织层次不同，分成了物流决策支持类系统、物流服务管理类系统和物流作业管理类系统。

物流决策支持类系统主要为企业的高层管理人员提供信息服务。综合查询系统为高层管理人员提供多种查询和汇总功能。统计分析系统按照物流行业的标准，针对物流企业的经营管理活动情况进行统计调查、统计分析、统计监督，并提供统计资料。按照物流企业和地区政府的统计要求，对物流企业和地区的各项经营指标及经营状况进行分类统计和量化管理。决策支持系统对各种信息加以科学利用，在数据仓库、运筹学模型等技术方法的基础上，通过数据挖掘工具对历史数据进行多角度、立体的分析，实现对企业中与物流相关的人力、物力、财力、客户、市场、信息等各种资源的综合管理，为企业管理、客户管理、市场管理、资金管理等提供科学决策的依据，从而提高管理层决策的准确性和合理性。

物流服务管理类系统主要面向企业的合作伙伴，提供一系列的物流信息服务，通过物流服务管理、金融服务管理、ASP（Application Service Provider，意为“应用服务供应商”）服务管理、计费结算管理、营业账务管理等功能，实现对信息流、资金流以及物流的整合。

物流作业管理类系统主要面向企业的中层管理人员以及现场作业人员，实现各物流业务环节的基础管理。典型的系统功能模块包括订单管理、仓储管理、配送管理、物流交易管理、货代管理、保险管理、金融代理管理、客户关系管理、报表管理等。

在应用支撑层，根据物流作业的特点，并考虑提高物流信息化管理平台用户定制的灵活性和方便性，进一步囊括了全文检索系统、报表工具管理系统、多语言支持、射频条码管理、GIS/GPS等技术内容。在基础环境层，则进一步包括了具有物流作业特点的射频条码设备、GPS设备等。在网络层，则主要包括互联网、公众电话交换网、移动电话网等网络设施。

物流信息化管理平台中除了以上5个层次划分以外，还包括物流信息化管理平台安全保障机制与运维管理机制。安全保障机制与运维管理机制作为保障机制贯穿5个不同的层次，确保整个系统安全可靠、稳定高效地运行。安全保障机制与运维管理机制包括信息安全保障体系、物流标准规范体系、建设与运营保障体系等。信息安全保障体系采用权限管理、相应技术和管理体制等，充分保证系统信息等数据的安全；物流标准体系规范包括相关数据的设计、存储和传输；系统的建设与运营保障体系包括基于投资模式及运营模式上的保障体系，维持系统的可持续运转。

第二节　物流信息系统战略规划与主要方法

一、物流信息系统战略规划

现代物流是一系列繁杂而精密的活动，业务运作过程中环节众多、信息量大，信息的动态性和准时性特征尤为突出，因此，要计划、组织、协调、控制好这一系列活动，离不开物流信息系统的支持。对于从事物流活动的企业而言，物流信息系统的建立是一项投资巨大、技术复杂、涉及面广、周期较长的社会技术系统工程。它需要整合物流过程，收集、处理、存储、加工和利用物流信息，管理物流活动中会涉及的人员、设备和软硬件资源等要素，因此，在开发初期对整个系统进行缜密、合理的总体规划尤为重要。实践证明，在建设物流信息系统的过程中，预先做了系统规划的企业远比不做规划的成功。本节重点介绍物流信息系统的规划问题，需要先了解一下物流信息系统的战略规划。

（一）物流信息系统战略规划的含义与作用

1.物流信息系统战略规划的含义

战略是组织领导者关于组织的使命与长期目标、环境约束与政策，以及计划与计划指标等概念的集合。规划是组织为了消除未来期望状况与目前状况之间的差异而制订计划的过程与结果。物流信息系统战略规划是物流组织战略规划的重要组成部分，是关于物流信息系统长远发展的计划。它以整个组织的发展目标、经营战略、运作模式为基础，结合行业信息化的最佳实践以及对信息技术发展趋势的把握，确定物流组织信息化的远景与目标，并为物流组织在战略、管理、运作等层面提供信息技术服务与支持。

2. 物流信息系统战略规划的作用

物流信息系统战略规划是物流信息系统开发的第一阶段，此阶段的主要任务是对目标系统提出完整、明确的要求，从总体上把握目标系统的主要功能和约束条件等。这一阶段的工作决定着物流信息系统生命周期的发展方向、系统规模和开发计划，对系统开发的成败至关重要。物流信息系统战略规划的作用主要表现在以下4个方面。

①制订物流信息系统战略规划有助于实现组织的战略目标，促进信息资源的合理分配与利用，节省物流信息系统建设投资。物流组织的战略目标是物流信息系统战略规划的出发点，物流组织以组织战略目标为基础，分析物流信息需求，逐步导出物流信息系统战略规划与总体结构，因此物流信息系统战略规划的确立与实现，实质上也是组织战略目标的部分实现。同时，物流信息系统也可为组织制订和调整战略规划提供各种必要的信息支持，从这种意义上讲，物流组织的战略目标也是物流信息系统战略规划的归宿点。另外，根据诺兰模型，组织在信息化发展过程中，通常要经过初始期、蔓延期、控制期、集成期、数据管理期和信息管理期6个阶段。一般认为模型中的各阶段都是不能跳跃的，因此物流组织在建设物流信息系统时，必须首先明确本组织当前处于哪一发展阶段，进而根据该阶段的特征来建立新的物流信息系统战略规划，这样就能使组织中原有的信息系统、通信设备、计算机软硬件资源和技术人员等得以充分利用，从而节省物流信息系统的投资。

②制订物流信息系统战略规划有助于物流组织管理改革与流程重组，并形成核心竞争力。现代物流信息系统不是对传统物流业务流程的重复、模仿与信息化，而是站在全面提升物流组织竞争力的高度，对原有业务流程进行再思考、再设计与再规划。在进行物流信息系统战略规划的过程中，物流组织必须思考现行运作模式中存在的问题，组织外部环境中的机会与风险，组织内部的优势与劣势，所在行业的信息化发展趋势等问题，然后，重新对组织战略目标以及物流信息系统战略目标进行定位。为实现新的战略目标，物流组织将利用信息共享机制，将垂直化管理向组织扁平化、矩阵式管理转变；利用信息技术重构业务流程，将供应链中原来处于割裂状态的运输、仓储、包装、装卸、加工、配送等多个物流环节整合在一起，以一个整体面对社会的物流需求。通过管理改革与流程重组，物流组织减少了服务时间，提高了运作效率，增强了反应能力和信息透明度，有效降低了成本，所有这些有益的改善、提高与融合构成了物流组织的核心竞争力。这一切都得益于物流信息系统战略规划的制订。

③制订物流信息系统战略规划有利于物流信息系统的开发成功。物流信息是物流组织的重要资源。在物流信息系统建设过程中，涉及大量复杂的数据共享与交换，如何在各系统、各部门间进行数据收集、存储、加工、传输和利用，必须有来自高层的、统一的、全局的战略规划。综合物流信息系统通常由客户服务系统、物流资源调度系统、仓储系统、配送系统、实时信息采集系统等子系统组成，各子系统在完成独立功能的同时，还需要相互协作。为了降低各子系统之间信息交换的成本，并防止数据操作的重复性、不一致性以及数据冗余等技术问题的产生，对物流信息系统进行总体上的战略规划至关重要。此外，物流信息系统的开发也受到技术因素的影响，现代信息技术的发展非常迅速，如果事先未能做好技术预测方面的战略规划，那就有可能在开发或实施过程中因信息技术选型不当，而使所开发出来的系统成为落后的系统或使用效果的性价比不高的系统。同时，物流信息系统的开发是一项复杂的系统工程，各项工作不能同时进行，需要循序渐进地逐步开发，系统开发过程中涉及对组织中人力、财力、物力资源在时间、空间上的合理安排，这些问题也必须事先通过物流信息系统战略规划来解决。

④制订物流信息系统战略规划有助于为将来考核系统开发工作确立标准。物流信息系统战略规划将制订出一系列合理有效的、可量化的、可考核的近期目标与长远目标，并对物流信息系统建成后的实施效果有所预测，这些都可以作为将来考核系统开发工作成败的标准和依据。

（二）物流信息系统战略规划的内容

物流信息系统战略规划的内容根据物流组织的规模和复杂程度而有所不同，一般包括3~5年的长期规划和1年的短期计划，其主要内容应包括以下5个方面。

1.组织的战略目标、计划和指标分析、政策和约束

组织的战略目标、计划和指标分析包括组织的总体目标、分步目标及战略。政策和约束主要包括组织外部环境中的机会与风险（如物流业的发展状况、国家颁布的支持或限制物流组织的相关法规、客户与供应商等）、组织内部的优势与限制条件（如保守的经营理念等）等。

2.物流信息系统战略目标、约束及总体结构

物流信息系统的战略目标确定了该系统的发展方向（该系统将会实现的功能）、实现各项功能的具体步骤与每步应达到的子目标，以及衡量具体工作是否完成的标准。物流信息系统的约束是指物流信息系统实现的环境与条件等因素。物流信息系统的总体结构指明了信息的主要类型和主要子系统。

3.组织中现有信息系统的状况及管理状况

组织中现有信息系统的状况主要包括组织的计算机硬件设备、软件设备（系统软件、

数据库管理系统等）、通信设备、现行应用系统的分析与评价、人力资源配备情况及各项费用的投入情况等。管理状况主要包括组织当前的文化、管理制度、组织结构、业务流程的现状与存在的问题，以及在考虑先进信息技术的条件下组织业务流程的重组状况等。

4. 相关信息技术发展预测

物流信息系统战略规划必然受到信息技术发展的影响。因此，应该对规划中所涉及的信息技术与方法的发展变化及其对物流信息系统的影响及时做出预测与评估，以确保技术选型与产品选型的正确性，从而使开发出来的物流信息系统具有更优越的性价比与更强的生命力。这里的信息技术主要包括计算机软硬件技术、网络技术、数据处理技术等。影响物流信息系统建设的各种信息技术与方法范围很广，如互联网、网络电话、语音辨识、生物测定学、虚拟人像、自动数据采集与条码技术、IC卡技术、GPS技术、自动化立体仓库、EDI技术、大数据、云计算、物联网、物流无人化技术、区块链技术等。

5. 项目计划

项目计划是在物流信息系统战略目标的基础上做出的近期详细计划，主要包括软硬件设施的购置安排，系统开发与维护的时间安排，人力资源需求、聘雇、培训计划，财务资金需求计划等。

（三）物流信息系统战略规划的过程

1. 确定组织战略规划

组织战略规划是制订物流信息系统战略的前提与基础，物流信息系统战略目标的实现归根结底是为了实现组织战略。组织战略规划是组织的方向与目标、约束与政策、计划与指标的集合，具有未来导向性、资源分配导向性、环境约束导向性以及动态性等特征，因此在制订组织战略时，不但要考虑外部环境（社会、政治、经济、科技、法律、行业环境等）中的机会与风险，而且要考虑到组织内部（财务状况、管理制度、人力资源、技术力量等）的优势与劣势。一个有效的组织战略通常具有良好的可执行性、灵活性、前瞻性等特征。制订组织战略规划的方法很多，如态势分析法（SWOT分析法）、波士顿矩阵（BCG Matrix）法、迈克尔·波特的五力分析模型等。这些方法在战略管理类书籍中均有介绍，本书在此不再做详细说明。

2. 制订物流信息系统战略规划

物流信息系统战略规划是组织为建立与发展物流信息系统而做出的一种特殊战略计划，它以组织战略为导向，以外界环境为依据，以物流业务与信息技术的整合为重心，从而正确定位物流信息系统在整个组织中的作用，保证物流信息系统的战略目标能够和组织发展目标相协调。物流信息系统战略规划是物流信息系统开发工作的指导方向与依据，它能够合理分配组织资源、合理安排实施进度，确保开发工作协调有序进行，并为系统开发人员及项目管理人员日后的绩效考评提供质量标准和控制机制。一个典型的物流信息系统战略规划包括战略目标、总体结构及约束等内容。

例如，某制造企业对其新建立的物流信息系统定位为：应充分体现现代管理思想与方法以及对先进信息技术的综合运用，应能充分实现信息资源的共享和企业资源的集成，具有良好的开放系统结构，能够连接外部系统并且安全可靠。其战略目标包括如下4方面。

①本系统应当是一个供应链级的集成系统。通过该系统可以把以物流中心为核心的供应链上的上、下游合作伙伴连接在一起，实现信息流、业务流、资金流的集成。

②本系统应当是一个企业级的集成系统。在横向上，以生产运作管理为中心，以计划管理为龙头，通过统一计划与控制使企业的物资供应、生产运作、研发、财务、人事、销售等部门协同运作；在纵向上，集成企业经营战略规划、管理计划、作业计划，通过这3层计划的统一，企业的经营目标层层细化、滚动运作、分步实现。

③本系统应当为物流中心各工作部门提供办公自动化环境，以提高各部门协同工作的整体效率。

④本系统应当实现与集团内部局域网以及外部网络的连接。

为实现上述战略目标，该企业将分两阶段进行物流信息系统建设。

第一阶段，内部信息系统建设阶段。这一阶段主要实现内部信息的互动和有限信息的外部共享。具体来说，就是针对物流中心的各项作业和各项事务，建立完整的信息处理系统、管理支持系统、办公自动化系统和决策支持系统。同时，为外部客户提供简单的查询服务支持。

第二阶段，物流中心商务网络信息系统建设阶段。这一阶段的主要任务是将信息系统延伸到所有合作伙伴处并建立电子商务平台，为外部客户提供完整的服务，如网上查询、网上报价、网上交易和网上支付等功能。这是以物流中心为核心，建立一条物流供应链的重要阶段。

该物流信息系统中的信息类型主要分为4种：仓储保管信息（以仓储运作相关业务为主的信息，如进库数据、出库数据、库存管理数据、储位管理数据等）、运输配送信息（以配送运输的调度与指派为主的信息，如配送车辆计划、路线规划、分拣货物计划等）、汇总分析信息（进一步整合、分析的管理信息，如绩效管理、决策支持分析、资源计划等）、营运管理信息（通过信息技术手段对物流中心的各方面进行管理所提供的信息，如财务管理信息、人事管理信息等）。

根据所要实现的功能架构，将该物流信息系统划分为8个子系统：进货管理系统、出货管理系统、库存储位管理系统、财务管理系统、营运与绩效管理系统、客户管理系统、决策支持系统、辅助管理系统。

3.组织物流信息需求分析

物流信息系统的战略目标确定之后，下一步工作就是找出组织的物流信息需求。这需要分别针对组织的各个部门与各个层级，确定出与物流系统相关的信息需求，这些需求既包括日常事务处理的信息需求，也包括决策支持类的信息需求。然后，在此基础上进行信息的整合、分析与处理，并据此建立物流信息系统的总体功能结构，以指导系统的开发。与系统设计阶段的信息需求相比，物流信息系统规划阶段的信息需求描述得相对简略。现实中，获取物流信息需求的方法主要包括企业系统规划法、关键成功因素法、结果—手段分析法等。

4.组织资源分配

经过上述3个阶段的工作，物流信息系统的总体功能结构基本确定下来，即整个物流信息系统包括哪些子系统，以及这些子系统之间的关系如何都已经较为清晰。然而，由于组织资源的有限性，这些子系统不可能同时开发，必须依据它们的重要性与优先级确定开发次序，这是组织资源分配阶段需要解决的问题。而且，在系统开发与维护过程中，需要耗费组织的人、财、物、信息等资源，这些资源在各系统之间如何分配也是资源分配阶段需要解决的问题。常用的资源分配方法主要包括投资回收分析法、内部计价法、零点预算法、指导委员会决定法等。

5.制订项目计划

在组织资源分配阶段识别出各子系统开发的先后顺序，并对组织中的开发资源与运行资源进行分配后，就要对物流信息系统开发项目做出详细的计划安排。这类计划属于近期计划，不同于时间跨度较长的战略计划，主要涉及对系统开发所耗资源的成本预算和对开发活动的时间安排。对系统开发所耗资源的成本预算是指依据项目支出，建立财务资金预算需求计划等；对开发活动的时间安排主要包括硬件购置时间表，软件购置时间表，各子系统开发时间表，软件升级及系统切换与维护时间表，人力资源需求、聘雇、培训计划等。制订项目计划的方法有阶石法、计划评审法、甘特图等。

二、物流信息系统规划的主要方法

（一）制订物流信息系统战略规划的方法

制订物流信息系统战略规划的方法主要包括战略目标集转化法、战略信息模式与信息系统战略规划法等。

1.战略目标集转化法

战略目标集转化法（Strategy Set Transformation，SST）由使命、目标、战略和其他战略变量组成。战略规划过程是把组织的战略目标转变为物流信息系统战略目标的过程。

这个方法的第一步是识别组织的战略集，先考察一下组织是否有成文的长期战略规划，如果没有，就要去构造这种战略集合。构造方法可采用以下步骤：①罗列出组织的各类人员结构；②识别出每类人员的目标；③对于每类人员，识别其使命及战略。当组织战略被初步识别后，应立即交送总经理审阅和修改。

第二步是将组织战略集转化成物流信息系统战略集，物流信息系统战略集应包括系统目标、系统约束以及系统开发战略等。这个转化的过程包括对组织战略集的每个元素识别出对应物流信息系统的战略约束，然后提出整个物流信息系统的结构，最后选出一个方案送总经理审阅。

物流组织的人员结构包括供应商、客户、股东、雇员、管理者等，组织的目标之一是提高运输效率，该目标来自供应商、客户和管理者的要求。对于该目标，企业的一个战略是改进运输路线规划。从组织战略集中得到的物流信息系统目标是建立运输路线规划系统，该系统目标的主要约束是路线规划模型，其系统开发战略可能是应用新的设计方法。这样，就将物流组织的一个战略规划转换为物流信息系统的战略规划。

战略目标集转化法的特点是能够全面地将组织中各类人员的要求反映出来，转化为物流信息系统的战略规划；其不足之处在于可能会由于组织目标较多而导致重点问题不够突出。

2. 战略信息模式与信息系统战略规划法

根据该方法，确定物流信息系统战略规划的流程为：先从组织的愿景分析入手，在考虑内外部环境因素的条件下，确立组织战略；然后以组织战略目标为依据，分析组织的关键成功因素；接着再以组织关键成功因素为依据，找出组织的关键决策、有价值的组织流程以及关键假设；之后，在这3者的基础上导出组织的战略信息模型；最后根据战略信息模型制订物流信息系统战略规划。

（二）确定组织物流信息需求的方法

确定组织物流信息需求的方法主要包括企业系统规划法、关键成功因素法、结果—手段分析法等。

1. 企业系统规划法

企业系统规划法（Business System Planning，BSP）是由IBM公司于20世纪70年代提出的一种企业管理信息系统规划的结构化方法论。最初，它仅在IBM公司内部使用。后来，由于IBM公司的很多客户希望学习如何能更好地管理它们的信息系统资源，因而BSP法就被作为一种通用的信息系统规划理论推介出去，为此，IBM公司还出版了一系列使用手册，并开设了专门的培训课程。

BSP法的总体思路强调先自上而下识别出企业的战略目标和信息系统战略目标，然后以企业流程为主线找出企业的信息需求，最后定义出企业的信息系统架构。因此，根据BSP法确定企业物流信息需求的步骤包括如下4点。

（1）定义企业战略目标与物流信息系统战略目标

在定义企业战略目标与物流信息系统战略目标时，要注意必须使所建立的物流信息系统支持企业的目标与战略，同时也要配合组织和管理的特点。具体方法可借鉴前面介绍的战略目标集转化法、战略信息模式与信息系统战略规划法。

（2）定义物流业务流程

定义业务流程是BSP的核心。业务流程又称企业过程或管理功能组，它是逻辑上相关的一组决策或活动的集合，如运输服务、库存控制等业务处理活动或决策活动。业务流程构成了整个企业的管理活动，而物流业务流程则构成了整个企业的物流管理活动。识别物流业务过程可对企业如何完成其物流服务目标有较深刻的了解，可以作为建立物流信息系统的基础。按照物流业务流程所建设的物流信息系统，其功能相对独立于企业的组织机构，因此，组织结构的变动不会引起物流信息系统结构的变动。

在定义企业物流业务流程时，第一，要识别出企业的物流产品与服务，以及支持这些产品与服务的相关资源（资金、材料、设备、人员等）。第二，定义与产品、服务及支持资源相关的作业流程。在确定此类业务流程时，要注意按照产品、服务及支持资源的生命周期来进行分析。一般企业中的产品、服务及支持资源都要经过需求、获得、服务、退出这四个阶段，按这一周期进行分析，可以完整、全面地识别出与其相关的所有作业流程。此外，为顺利完成物流活动，企业中还存在着一些计划与控制类的管理流程，对这些流程也应进行识别。第三，分析所有的流程，将相关流程进行合并、补充、删减、修改或再细分，从而形成一组新的流程，以有效完成相关作业。同时，还要说明流程与企业各部门间的关系，并对重组后的新流程进行描述与说明，作为备查资料。

（3）定义物流数据类

定义企业物流数据类时，通常第一步是先确定出企业所有的相关实体。企业的相关实体包括人（如客户、供应商、雇员等）、地点（如仓库、配送中心等）、物体（如产品、材料、设备等）、概念（法律要求、管理制度等）、事件（采购、运输、配送等）五大类，按照这些类别找出企业的所有相关实体后，仔细检查并进行适当的组合或拆分，使得实体数量得当，且足以全面覆盖研究范围，并在重要性上大体匹配。

第二步是确定每一流程所生成和使用的数据。利用前面识别出来的企业物流业务流程，确定每一流程使用了什么数据，产生了什么数据，或者说每一流程输入、输出的数据各是什么，然后再建立它们和某一实体的联系。

第三步是识别数据类。将第二步中识别出的所有数据进行分类、整合，将属性相同的数据组合成数据类。为了保证数据的完整性、及时性与准确性，每一类数据最多只能有一个来源，因此，当多个流程产生关于某一实体的不同数据时，就要把数据分成多个数据类。在此步骤的最后，定义描述每一个数据类，并编写说明文件。

（4）定义物流信息系统结构

识别出物流数据类后，就要建立数据类与企业物流业务流程之间的关系，这样做不但可以保证所有的数据类和流程都被完全识别出来，而且可以保证每个数据类仅由一个流程生成。用来建立数据类与企业物流业务流程之间关系的矩阵被称为过程/数据类矩阵或U/C矩阵。其中，U表示“使用”（Use），C表示“产生”（Create）。通过对U/C矩阵做交互分析，可以检查流程与数据类之间的关系，再依照流程分组或简化，就可以定义出物流信息系统的结构，即划分出物流信息系统的各个子系统。

BSP法是对信息需求分析的一种全面综合调查法，它能够从总体上利用业务流程与信息需求推导出支持企业战略目标的物流信息系统架构。但这种方法在使用过程中需要收集大量的资料与意见，分析、处理、归整大量信息，要使这些工作在实际中准确无误地完成，并设计出一个令所有相关人员满意的物流信息系统，难度还是很大的。

2.关键成功因素法

关键成功因素法（Critical Success Factor，CSF）不同于BSP法，它并非着眼于组织的整体流程，而是侧重于从影响组织经营成功的关键因素出发来分析组织的信息需求。这种方法假设一个组织的成功总是取决于少数几个部门或工作，如果在这些方面达到了一定水平，组织就能兴旺发达，反之则会陷入困境，这些因素就被称为关键成功因素。

识别一个组织的关键成功因素需要与管理人员做一系列的访谈。这些访谈通常分为两个阶段。第一阶段是向管理人员询问组织的目标以及实现这些目标的关键成功因素，并通过充分的讨论来确定这些目标与关键成功因素之间的内在联系，然后决定哪些关键因素可以合并、哪些因素可以删除、哪些因素需要重新阐释。第二阶段，首先，在进一步理解关键成功因素与组织目标之间联系的基础上，确定每个关键成功因素的性能指标和评估标准；其次，识别测量性能指标的数据有哪些，并对这些数据进行描述，建立数据字典。

识别关键成功因素所用的工具主要是树状因果分析图。例如，某个物流组织的目标是提高组织的竞争力，我们可以用树状因果分析图画出影响这一目标实现的各种因素，以及影响这些因素的子因素。

关键成功因素法是一种帮助组织管理者（特别是高层管理者）确定重要信息需求的有效方法，它的主旨是“抓住主要矛盾”，这一点不同于BSP法所强调的“全面综合调查”。由于现实中组织的管理者们比较熟悉这种方法，所以用这种方法确定的目标，管理者们比较乐于接受，并乐于去努力实现。这种方法的缺点是通常只在确定管理目标阶段最为有效。

3.结果—手段分析法

结果—手段分析法（Ends-Means Analysis，E/M）的出发点是组织及其内部的各个子系统与流程既有输入又有输出，输入就是手段，输出就是结果。采用结果—手段分析法获得信息需求的步骤为：首先，确定出组织过程产生的结果或输出，这些输出可以是产品或服务，也可以是信息；其次，分析得到这些结果的手段，这些手段包括输入和过程；最后，确定出与结果和手段相关的各种信息。

一个过程，不论它是关于组织的过程，还是关于组织子系统的过程，或是关于个人的过程，它的结果或输出总会是另一过程的输入或手段。例如，存储过程向生产过程提供零部件，会计过程向其他组织过程提供预算信息。因此，这种分析可以反复迭代地进行。

结果—手段分析法在注重分析输入、输出信息的同时，还注意分析过程产生输出或结果的有效性与效率。所谓有效性，是指一个过程的输出满足作为另一过程输入的要求的程度；而效率则是指把输入转化为输出时所需的资源及这些资源的利用情况。因此，结果—手段分析法在提供信息的同时，还提供了关于信息有效性及效率的度量标准。

（三）确定组织资源分配的方法

确定组织资源分配的方法主要包括投资回收分析法、内部计价法、指导委员会决定法、零点预算法等。

1. 投资回收分析法

投资回收分析法（Return On Investment，ROI）又称为“成本效益分析法”，它是一种进行项目规划的有效方法。在物流信息需求分析阶段划分出来的各个子系统具有不同的成本/效益比（投资回收率），有些子系统在建设时耗费的资源不多，但建成运行后能给组织带来巨大的经济效益，对于这类子系统应考虑优先实施。根据投资回收分析法确定各子系统的实施顺序及分配资源时，首先要量化各子系统的成本与收益，计算出投资回收率；其次将各子系统按投资回收率的大小降序排列；最后选择排在前面并且其投资回收率达到一定标准的子系统率先实施。

当然，在实际确定系统开发顺序与资源分配时，投资回收率并非唯一指标，还要综合考虑各子系统在组织中的重要地位、组织的资源约束以及实施风险等因素。比如某个子系统的投资回收率虽然不高，但该子系统的运行是其他子系统开发的前提条件，该子系统的开发优先级也要重点考虑。

投资回收分析法对于成本与效益可以量化的物流信息系统项目来说，是一种简便易行的好方法。但是不少物流信息系统项目的成本与收益很难量化或不易估算，这时投资回收分析法的作用就很有限。而且，采用投资回收分析法往往会忽略各子系统相互配合形成的整体成本与效益。

2. 内部计价法

内部计价法也叫“收费制”，它是一种将信息系统的成本分摊给系统使用者的资源分配方法。内部计价法通常采用两种方式。一种方式是直接将系统开发、运行与维护的总成本按照一定的标准分配给不同的使用者，这时各部门的使用者不能控制成本，但能够了解系统总成本的生成以及资源的利用情况。另一种方式是把物流信息系统看作一个服务中心，它向组织内各部门提供服务并依据服务类型和服务数量收取费用。在这种方式下，接受服务的部门能够控制它们的信息使用成本，这很符合"成本中心"或"利润中心"的原则。在后一种方式下，新系统开发费用的分担原则是接受服务的部门是否愿意购买针对本部门的这些应用，如果愿意，则需要支付开发费用，信息部门负责组织人员进行开发。

内部计价法（尤其是后一种方式）有利于成本控制，但是以收费概念为基础建立的信息系统规划往往只顾局部利益，而和组织的总体战略目标、规划之间缺乏联系，这就使得组织内部信息系统的开发自下而上、各自为政，常常只能满足本部门的需要与短期目标。

3.指导委员会决定法

指导委员会决定法是组织成立一个以高层管理者为领导，以信息部门的主管以及各职能部门的主管为成员的指导委员会，由指导委员会来决定各子系统的开发顺序以及开发资源的分配。这种方式的优点是有各级管理者的支持做保障，决策执行较为顺利；缺点是在指导委员会进行协调时，弱势团体或部门的需求很可能被忽视。

4.零点预算法

零点预算法（Zero-Based Budgeting，ZBB）的思路来源于会计学中的零基预算，这种方法首先假设所有的信息系统开发工作都还没有进行，一切从零开始；其次把将要开发的信息系统中所有的子系统都罗列出来，并按照它们的应用层次进行详细分类，同时按照每一个细分的应用层次列出期望的效益和开发系统所需要的支持资源，这就形成了一个应用系统的总清单；最后将这份清单交给系统建设指导委员会，由指导委员会来决定各子系统开发的先后顺序，计算需要的资源并分配资源。

零点预算法需要指导委员会参与决策。与投资回收分析法相比，零点预算法更为灵活，因为它不需要将所有的成本与效益都定量化；与内部计价法相比，零点预算法侧重于从组织整体的角度考虑系统开发与资源分配，并且通过指导委员会集中决策，因此实施效果能够较好地体现组织的整体目标与利益。

（四）制订项目计划的方法

制订项目计划的方法主要有阶石法、计划评审法、甘特图等。

1.阶石法

阶石法又称为"里程碑事件法"，它是以项目中某些重要事件的完成或开始作为基准来制订项目计划的一种方法。它以中间产品或可实现的结果为依据，显示了项目为达到最终的目标而必须经过的条件或状态序列，描述了在每一阶段应达到的状态。阶石或里程碑的编制应根据项目的特点，按项目可交付成果清单进行。

对于物流信息系统开发项目而言，一旦确定了项目的范围和各子系统的开发顺序，就可以根据各开发阶段的可交付成果清单确定每阶段的阶石或里程碑。里程碑是项目管理小组对项目进行控制的主要依据。里程碑一旦确定，各阶段的负责人就应确保按时交付任务，不管采取何种措施，都必须在里程碑图所注明的时间内完成各项任务，不能有任何工作环节的延迟，否则将会影响整个项目的进度。

采用阶石法制订项目计划虽然重点突出，但计划内容不够完整。因为里程碑图里只注明了完成项目的重要环节与事件，而未将其他活动包括进去。

2. 计划评审法

计划评审法（Program Evaluation and Review Technique，PERT）又称为“网络计划技术”，它是一种运用特定的、有顺序的网络逻辑来反映和表达整个项目的安排，并依据这些网络逻辑选择最优方案，合理安排各项资源的运用，组织、协调、控制项目进度，以达到预定目标的科学管理方法。

计划评审法的主要步骤是：①将整个项目任务划分为若干具体的作业过程或阶段；②根据作业间的逻辑关系，绘制反映整个项目状况的网络图；③根据经验或历史数据估计完成每项作业的时间值，并运用概率论求出按此时间完成项目任务的可靠程度；④通过数学计算找出对全局有影响的关键活动和关键路线；⑤从时间分析、费用分析、资源分析方面调整与优化网络计划，对整个项目任务进行统筹规划，选择一个最优方案，从而得到加快系统开发进度、降低成本、节约资源的效果。

计划评审法的实施过程较为烦琐，但应用范围很广，且特别适用于大项目。项目越复杂，采用计划评审法获得的效益越大，因此PERT已经成为很多信息系统开发项目编制计划、控制进度的首选方法。

3. 甘特图

甘特图（Gantt Chart，GC）又称为“横道图”“条形图”，它是一种用线条来表示工作计划与进度的图示方法。在甘特图中，物流信息系统开发项目的活动通常在图表的左侧列出，时间在图表的顶部列出，然后依据计划的详细程度，以年、月、周、天或小时作为度量项目进度的时间单位。

在甘特图中，横道线显示了每项活动的开始时间和结束时间，横道线的长短代表了各项活动持续时间的长短。

甘特图的优点是直观、明了、简单、容易绘制；缺点是不能系统地将项目各活动之间的复杂关系表示出来，难以进行定量分析与计算，同时也没有指出影响项目进度的关键所在。因此，甘特图通常比较适用于简单的小项目，对于复杂的大项目，甘特图往往难以应对。

第三节 企业流程再造与系统建设策略

一、企业流程再造

（一）企业流程再造的定义与本质

企业流程再造（Business Process Reengineering，BPR）又称为“业务流程重组”。BPR以业务流程为改造对象和中心、以顾客需求和满意度为目标，对现有业务流程进行根本性的再思考和彻底的再设计，利用先进的制造技术、信息技术以及现代化的管理手段，最大限度地实现技术上的功能集成和管理上的职能集成，以打破传统的职能型组织结构，建立全新的以流程为核心的组织结构，从而实现企业在成本、质量、服务与速度等方面的巨大改善。

企业流程再造的本质是一种组织变革。一个企业只要开始运营，就自然会产生业务流程，但长期以来由于受专业化分工理论的影响，企业原有的业务流程大多建立在劳动分工的基础上，这些业务流程以职能划分为基础，没有考虑企业的总体战略。其往往造成流程运作在部门内部可能很有效，但就整个企业范围而言，运作常常是低效率的，并缺乏灵活性与应变能力。而且随着组织的发展变化，有些业务流程是重复的，有些是多余的，有些建立伊始就不科学，还有一些自发形成的流程随意性大，没有实现标准化，等。因此，为了提高企业的效率、服务和质量，组织就需要借助信息技术在企业中的应用，重新思考与设计业务流程，新业务流程的确立将会带来一系列组织变革，如组织结构扁平化、组织权力下放给与顾客直接打交道的员工、组织文化与观念的重建等。如果没有这些方面的变革相配合，企业流程再造就不可能获得成功。鉴于此，一些学者认为信息技术和组织变革是BPR得以成功实现的两大助推器，二者缺一不可。

（二）企业流程再造与物流信息系统规划的关系

物流组织为了在复杂多变的竞争环境中提高运作效率、增强反应能力、有效降低成本，采用信息技术提高企业核心竞争力是必然选择。信息技术的应用有可能改变企业原有的信息采集、加工和使用方式，甚至使信息的质量、获取途径及传递手段等都发生根本性的变化。所以，在建设物流信息系统的过程中，具有远见的企业会以推动信息技术在物流组织中的应用为契机，重新定位与思考企业的经营模式，对业务流程进行根本性再造与重组，这就是BPR。新建立的物流信息系统不是原有业务流程的自动化翻版，而是以再造后的业务流程为基础。因此，物流信息系统建设推动了企业流程再造，企业流程再造也为物流信息系统规划提供了基础。

从另一个角度看，企业流程再造不仅是一种推动组织变革的有效方式，而且是一种进行信息系统规划的好方法。前文介绍了一些进行物流信息系统战略规划的方法，如战略目标集转化法（SST法）、关键成功因素法（CSF法）以及企业系统规划法（BSP法）等。这些方法通常被认为是进行信息系统战略规划的传统方法，这些方法虽然思路不同，但都有一个共同之处，那就是它们都是面向职能或以企业现有职能为基础进行信息系统规划的。例如SST法和CSF法面向职能部门，在分析企业现有状况的基础上，提出组织的战略规划与物流信息系统的战略规划。BSP法虽然面向过程，但这种方法所定义的过程仍然是基于当前组织的功能结构，是从当前组织的业务流程中识别出来的。BSP法的应用也涉及对相关流程进行合并、补充、删减、修改或再细分，但这种流程变动只是对当前流程的修补与完善，而非彻底的、根本性的重组和再造。BPR与上述三种方法有着本质的区别，它是完全面向过程并从过程出发（而不是以职能部门为核心）进行信息系统的规划的，所以最终的结果是：为了适应再造与重组后的流程，企业的职能部门将要变革、精简，一切都以提升企业核心竞争力的流程为重心。这一点完全不同于传统的信息系统规划方法。

（三）企业流程再造的实施步骤

实施企业流程再造包括以下几步。

1.确定物流组织的战略规划

物流组织进行流程再造的最终目的是实现组织的战略目标，因此在这一阶段必须先明确物流组织的战略目标、服务对象等根本问题，才能够使以后的业务流程再造活动有的放矢。确定组织战略规划的方法主要有SWOT分析法、波士顿矩阵法、迈克尔·波特的五力分析模型等。

2.确定需要重新设计的业务流程

根据组织的战略目标，在熟悉物流组织整体业务运作的基础上，确定影响战略目标实现的关键流程与作业，然后仔细检查这些流程的现行状况，对其进行全面的效率和功能分析，发现其存在的问题，并绘制详细的业务流程图。

3.确定信息技术对业务流程的影响

信息技术在BPR中扮演着关键性角色，因为它可能改变组织中的很多活动。例如，组织中的非结构性工作因信息技术的采用而变成例行的结构性作业，一些在流程上属于串行的作业因信息技术而变为并行过程，信息技术的运用加速了管理者的日常规划、决策与控制活动，信息技术促进了组织中的沟通与交流等。因此，在进行流程再造时一定要考虑到信息技术的影响与能量。

4.新流程的确立

结合第二步与第三步的分析，重新思考与设计组织的业务流程。在设计过程中要以过程管理为基础，打破部门间的界限，提高关键流程对客户的价值，并且由关键流程出发，精简过分分散的流程、纠正错位的流程、删减冗余的流程、取消不增值的流程，等，使重新设计的流程能够全面提高顾客满意度，提升物流组织竞争力。

5.制订与BPR相配套的组织变革方案

如前所述，BPR的本质就是一种组织变革，因此，要想使BPR实施成功，就必须对组织结构、企业文化、管理制度、员工价值观等方面进行一系列的调整与改革，制订系统的再造方案，使其适应BPR的推行。在BPR的推行过程中，必然会触动原有的利益格局，高层管理者必须大力支持、精心组织、谨慎推进。在流程再造过程中，有些变化事先不能预料，因此新设计的流程在实施过程中也必须不断改进、持续调整，以求更能反映组织的战略目标。

6.建立物流信息系统战略规划

此步骤的工作是在新流程确立的基础上进行的，新业务流程与运营模式的确立将引出新的信息需求，在考虑第三步所提及的信息技术的基础上，确立物流信息系统的技术框架，形成新的物流信息系统战略。

7.物流信息系统战略规划的实施

此步骤的主要任务是制订物流信息战略规划的实施计划，确保组织战略目标与物流信息系统战略规划能够顺利实施，这一步骤的主要工作为确定信息系统开发顺序、制订项目开发计划。

二、物流信息系统建设策略

在确立了战略规划之后，物流信息系统具体采用何种技术模式（分散式还是集中式）进行建设，也是在系统规划阶段需要决定的重要议题。近年来，随着IT技术的不断发展与改进，信息系统的大集中管理已经成为一种趋势，而物流信息系统的建设必然会受到这一趋势的影响。

（一）信息系统大集中管理模式的基本含义及其分析

大数据时代下，随着企业业务与规模的扩大，以及计算机技术与通信环境的日趋成熟，信息系统的发展也开始由分散式管理走向集中式管理，例如数据集中为银行业的发展带来了巨大成效。作为供应链必不可少甚至非常重要的一个环节，物流行业面临着资金分散、管理失控、资金利用效率低下等问题，如何利用大集中管理模式来解决这些问题对于指导现代物流组织的发展具有重要意义。

1.信息系统建设模式的基本含义

在信息系统的建设过程中，存在三种比较典型的技术模式：大集中模式、分散式模式和分级集中模式。

（1）大集中模式

“大集中”可以理解为信息化的“集中与整合”，其实质是在现代计算机技术发展的背景下，适应现代化管理要求的信息化建设模式，表现为数据集中和系统整合。大集中模式中包括机器设备集中、物理数据集中和应用处理集中三个层面。

机器设备集中是指简单地将原来多个信息处理中心的设备进行集中。机器设备集中是技术方面最低层次的集中，一般可以被其他两个层面所包含，只在信息化的初级阶段经常出现。

物理数据集中是指企业内部数据的管理都集中到一台服务器上或多台服务器构成的集群系统中，实现数据的集中存储和管理。因此，物理数据集中能够在保证数据完整、全面的前提下，分析企业内部数据和外部数据，为企业的各级决策提供有力的支持。

应用处理集中是指在企业软件体系架构中实现一体化设计，以覆盖所有业务，并集中在一台服务器上或多台服务器构成的集群系统中，使分布在各地的分支机构，通过广域网连接到相应的服务器上进行业务处理。应用处理集中打破了以往业务系统的界限，对业务、流程和管理进行统一规划，形成了真正意义上的企业信息平台。

不论是国内还是国外，物理数据集中和应用处理集中目前都是采用最多的技术模式。应用处理集中是最高层次的集中，打破了系统界限，对业务、流程和管理进行重整，以实现企业信息架构的再造。电信部门的业务运营支撑系统可以被视为应用处理集中的范例。物理数据集中在实际应用中常常容易和应用处理集中混淆，主要是因为物理数据集中模式下应用往往是分离的，而应用处理集中模式下物理数据往往是集中的。

（2）分散式模式

分散式模式是指在各地网点建立局域网、设立数据分中心，业务数据处理以本地为主。这种模式要求在每一个分支机构都配备一套业务应用的支撑环境，包括应用软件、数据库、服务器等，相当于每个分支机构都设立一个规模相对小的数据中心，这些数据中心定时或不定时地将有关数据传送到总部的数据库中，以便总部进行分析和使用。这种模式要求每个分支机构必须配备专职的具有较高水平的计算机技术人员去维护数据中心。在软件体系结构上，基于局域网的比较多，而且多数采用客户/服务器（C/S）结构。这种体系结构在管理跨区域大型企业的应用管理需求时，存在数据管理效率低、初期投入和维护成本高、系统拓展困难和不利于企业面向电子商务的发展等问题。

（3）分级集中模式

分级集中模式是根据具体的业务需要，实行大集中与分散式模式的融合应用。这种方式也存在很多组合方式，例如数据存储和应用处理集中到若干个分中心进行，最后再由各分中心将数据定时汇集到总部，使总部最终存有所有的业务数据，而不只是简单的加总数据。这种应用分散分级集中模式，实际上已是小规模的应用“大集中”模式，在计算机集群技术发展到十分成熟的今天，已经逐步被总部大集中所替代。

2.信息系统大集中管理模式的比较优势

鉴于传统分散式管理模式的弊端，大集中管理模式呼之欲出。经济全球化与企业事务处理电子化为数据大集中的发展提供了契机与可能性，而数据大集中也为全球经济发展与物流组织竞争力的提升提供了有利条件。

就全球经济发展而言，数据集中为频繁的全球化资金往来带来了诸多有利因素，如交易时间的缩短、资金安全性和完整性的提高、投资风险的降低、管理的规范化和费用的节省等。对物流组织而言，数据大集中减少了决策、管理、执行过程的中间环节，使为客户提供的服务更加方便快捷，工作效率极大提高；大集中管理模式解决了物流组织原来因数据分散、标准不一、地域分割而导致的事务处理困难，为企业运行体制的改革提供了前提；数据大集中后，物流组织可以利用有效的手段、方法和工具对数据进行分析和挖掘，从而为有价值的客户提供有效产品和服务，这将进一步拓展企业的服务与利润空间；同时，大集中管理模式也促使物流组织出现逐渐将权力收归高层，实行“扁平化、垂直化”管理的趋势，这一转变最大的好处在于企业高层人员与市场、客户之间的距离拉近了，有利于管理层针对客户要求和市场变化快速决策，同时也有利于企业总部严密监控分支机构，控制经营风险。

由于大集中管理模式的诸多优势，很多物流组织已将数据集中作为企业未来信息系统建设的发展方向，但是，数据集中的实施模式与集中程度也是多种多样的。

（二）物流信息系统大集中管理模式的应用策略

大集中管理模式下的信息系统建设是一项涉及面广、技术难度大的系统工程。要想实施成功，物流组织在信息系统建设过程中必须考虑如下几方面的问题。

1.数据集中与管理业务变革相促进

大集中工程的顺利实施得益于管理层自上而下的推动。尽管仍有一些人认为数据集中主要是技术部门的事，但如果仅仅建立一套集中数据的硬件设施与系统，而无相应的管理业务变革相配套，那么数据集中工程的效果就会事倍功半，组织将很难实现真正意义上的“一级法人”治理结构。业务和管理集中的需求带动了数据集中，数据集中反过来促进了业务的集中和管理的变革，实际上二者的关系是互动的。数据大集中的整体联动效应表现为组织人事用工制度、业务管理体系、营销体系、风险防范体系等的全面改变。

2. 企业高层管理者的大力支持

信息系统大集中管理模式的实施，实质上是一场将分支机构权力收归总部的集权式管理变革，这势必会遭到分支机构管理者的强烈反对，为了维护既得利益，他们会想方设法阻碍这项工程的开展。面对这种情况，高层管理者一定要以组织大局为重，做好企业上上下下的工作，对数据集中工程给予坚决的支持，使关系组织生存与发展的数据大集中工程顺利实施。

3. 数据集中的实施模式、程度、范围与速度

数据集中的实施模式、程度及范围是物流组织在建立信息系统总体规划时要认真考虑的问题。信息系统的三种集中模式（设备集中、数据集中和应用集中）各有优劣，对于物流组织而言，具体采用何种模式取决于组织所处行业的信息化水平以及组织业务与管理的实时性需求。对于业务与管理实时性要求高的物流组织，宜采用应用集中模式；对于业务与管理实时性要求不高的物流组织，既可以选择应用集中，也可以选择数据集中。另外，一些大规模的物流集团在确定集中程度时，到底应该采用单中心、双中心还是多中心，应根据物流集团的业务规模、网络基础与分支机构的地域分布情况而定，不可一味地为追求集中而不顾企业的实际情况。再者，根据我国银行业的实践来看，数据大集中管理模式对于大企业和小企业都同样适用。大企业可以凭借雄厚的资金实力和技术力量，小企业则可以利用灵活的优势，按照各自的特点来建设集中式信息系统。国内各大银行成功实现大集中管理模式的案例表明，大集中是业务范围广泛、网点众多的集团企业最佳的管理模式。同时，数据集中的速度也存在一个“度”的问题。大集中管理模式的建立涉及许多变革，企业需要有一个消化、吸收、逐步适应的过程。物流组织在实施数据大集中的时候，要考虑自身的资金状况以及对管理变革的承受能力，循序渐进。

4. 风险管理

数据集中的同时也带来了风险的集中，这些风险包括网络通信风险、数据中心运行及实现风险等。数据大集中是建立在网络系统之上的，链路、网络设备、网络安全等任何环节上的问题都可能导致系统部分或全部瘫痪，因此，物流组织在网络通信设计上必须有充分的准备。同时，由于总部数据处理中心运行管理的复杂性以及一些不可抗力事件的发生等，实施数据集中的物流组织必须充分认识到灾难备份的重要性。实现灾难备份可采取自建灾备中心（如中国工商银行的南北两大中心互为备份，光大银行在数据集中后建立了同城灾难备份中心）或接受专业公司提供的灾难备份服务等措施。

5. 数据挖掘

数据集中后，物流组织建立了庞大的数据仓库。如何利用有效的技术手段、方法和工具对数据进行分析和挖掘，从所掌握的海量数据中提取有用信息，为决策者提供有效的数

据分析和决策支持，为有价值的客户提供有效的产品和服务，以拓展企业的服务和利润空间，也是值得物流组织深思的问题。

6. 业务创新

数据集中为物流组织总体业务创新提供了十分便利的平台。一方面，数据大集中后，物流组织各分支机构可同时快捷地推行同种新业务，数据交换与处理乜十分便利。另一方面，由于各分支机构权力、设施以及技术资源的限制等问题，也使得一些满足本地需求的特色业务得不到有效开展。因此，数据集中后，总部与各分支机构如何针对本地经济环境的特点，积极开发特色中间应用和前台程序，努力开拓适应当地经济环境的新业务品种，也是值得物流组织考虑的又一个问题。

第四章　典型物流管理信息系统架构与运行管理

第一节　快递管理信息系统

一、快递概述

快递又称“速递”“快件”“快运”，是物流的一种形态。快递与传统物流的差异在于，物流的核心要素是仓储、运输和包装；而快递则是一种门到门的个性化精益物流服务，更重视速度。为了“快”，它必须综合运用各种运输方式（以航空为主，配合地面公路中转、派送），辅以网络化的区域机构。快递主要面向散单，其特点是物品数量相对较小、品种多、经过的中间环节多。另外快递作为一个新兴的朝阳产业，其发展扩张的速度很快。

目前，快递行业主要分为上游批发商（主要是拥有庞大的运输、派送网络或航空公司的代理）和下游零售商（只负责代理收件或承担一些派件工作）。

（一）快递业务的含义及主要形式

快递业务，是指从事快件运输的专业快（速）递公司与航空公司合作，以最快的速度在发件人—机场—收件人之间递送的急件。由此可见，特快专递的业务性质、运输方式与普通航空货运基本上是一致的，可以视为航空货运的延续。实际上，大多数航空货运代理公司都经营快递业务，即所谓的“空运普货门到门服务”。许多专门从事快递业务的公司也是从航空货运代理公司派生出来的。以前在航空货运机场自提，现在委托当地同行代理互为派送。这是市场的需求，也是货运发展的必然趋势。目前出现的第三方物流，直至最领先的所谓第四方物流概念，都说明了这一点。

快递或航空快运的主要运作形式是门到门或称桌到桌服务。即由快递公司派人上门取件，送至机场委托航空公司空运，货到目的港机场后，由当地快递公司（或代理）提货，派送到收件人手中。

（二）快递的特点和作用

快递与空运普货门到门服务相比，基本程序和需要办理的手续是一样，所需的运输单证也是基本相同的，都要向航空公司办理托运手续，都要与收、发件人及承运人办理交接手续。国际快件要向海关办理进出口报关手续，并提供相应的报关单证，都需要给目的地速递公司或代理预告，及附随货清单。

然而，既然快递作为一项专门业务而独立存在，必然有其合理性，必然有其他运输形式所不能取代的业务范围和运输特点。下面就以快递与“空运门到门”及EMS（邮政特快专递）业务做一个简单的比较。

1. 从快递范围比较

快递以文件和小包裹为主。文件包括银行票据、贸易合同、贸易发票、商务信函、装船单据、货物提货单、小件资料等；包裹包括机械小配件、贸易小样品、样衣、礼品、私人小行李等。也就是说，特快专递能承揽到的快件业务，往往是重量和体积方面都比较小的货物，能承揽到的大宗货物相对较少，私人信函则不能受理。

空运普货门到门承揽的一般都是大宗货物，品名单一，目的港派送二程运输路程较近，派送区域延伸较少。反之，则考虑运输成本，收件人一般都采取货物到达机场自提方式。

EMS业务以私人信函为主，承揽到的远程大宗货物派送较少，文件类以增值税发票为主。客户以进出口公司行政指定为主。国内EMS业务派送区域极其广泛，是任何运输形式的快递公司无法比拟的。

由此可见，快递、空运普货门到门及EMS业务之间有承揽快件及派送区域范围的区别。发件人选择快递运输方式大多是“约定俗成”的，三种方式各有其特定的经营领域和范围。

2. 从运输单据比较

国内快递公司以民营企业居多，操作理念、派送形象相对欠佳。签收记录不回复发件公司、计算机操作难以配合快件运作流程、单据保留不完善等不规范的现象，目前仍普遍存在。

国际快递公司用计算机跟踪快件动态，签收记录查询操作，这一环节是快件必需的操作流程，做得相当完善。特别是POD（Proof of Delivery，交付凭证）的使用，是其他运输形式所没有的单据。

POD是快递中最重要的单据。它一共分四联（也有五联、六联的），第一联作为出口报关的单据留存始发地；第二联贴在货物包装上随货同行，作为收货人核对货物的依据，并且在随货单据丢失时可以作为进口报关单据；第三联留存发货快递公司作为结算运费和统计的依据；第四联交发件人作为发货凭证。

POD相当于普货空运中的分运单，但比航空公司分运单的用途更广泛。国内快递公司也作为签收记录凭证。

3.从服务层面（程度）比较

快递是专业公司有专人负责操作单证，减少了内部交接环节，缩短了衔接时间，因而递送快于空运普货门到门和EMS速递业务。

4.从办理业务的机构比较

经营快递业务的绝大部分是国际性的跨国公司，只有极少数国家采取代理制，因此它的整个业务过程基本是在公司内部完成的。空运普货门到门业务基本上是采取代理制，发货方的航空货运代理公司与收货方的航空货运代理公司通过代理协议来确立为派送合作关系。国际EMS业务必须通过两个或两个以上国家（地区）的邮局之间的连续作业才能完成，运作环节中，其效率不能不受到不同国家邮政业务效率的影响。

5.从服务质量比较

国际快递的快件在整个运输过程中都处于计算机的监控之下（在国内快递公司中，部分公司运用计算机跟踪快件动态），通信联络十分密切。快递业务中，有回执POD，递送员将快件交付收件人时，让其在POD上签上姓名、收货日期。递送员即将POD签收记录单交计算机操作员录入计算机，以便发货人查询，这种方式让发货人感到非常安全、可靠。

空运普货门到门虽然也在送交收件人时，让其在底单上签字，但这种底单是作为货物签收记录的凭证，主要是作为交付货物的凭证存入档案，而不是作为回执反馈发货方。虽然有些航空货运代理公司也开设向发货的国外代理、国内异城代理反馈货物处理信息，但反馈信息的速度和准确程度远远不如快递专业公司。

（三）快递信息化的特点

快递信息化主要有如下几个特点。

1.业务的动态性

每一份运单的状态是实时变化的，从收件开始经历了多次中转、报关、派件、回单、收款等过程。

2.地域的分布性

地域的分布性包括两个含义：一是用户的分布地域具有不确定性；二是快递企业本身的网络架构，具有分布式的特点。因此，快递企业是在用分布式的网络架构服务来服务分布式的客户。

3.数据的动态监控

快递的任何状态点都需要及时地反映到总部，这样客户才能及时查询快递到了什么地方，总部也可以实时动态地监控快件状态。

4.提供多样化的服务

考虑到客户不同的要求，快递需要对客户提供全方位的服务体系。服务包括电话、传真、电子邮件、呼叫中心、短信服务、网上查询等方式。

5.物流、资金流、控制流和信息流的高度统一

信息流伴随着整个业务的流转过程，控制流对业务实行动态控制。

快递公司为了实现公司无纸化办公及加强供应链管理和实现数字化管理需要，开发快递公司管理信息系统，以便更好地管理公司内部的人流、物流、资金流和来自各方面的信息流等要素，扩大业务范围，为未来提供预测，为决策提供更进一步的科学依据。快递管理信息系统主要包括OA办公系统、业务系统、财务系统三位一体的设计结构，作为综合经营者管理的处理系统，管理日常办公、文件流转、业务单、客户、合作公司信息、报价、应收（应付）账、各种业务流数据分析及资金流数据分析、通信等。系统采用Windows视窗操作界面，并在分析报表时有多种条件、多种形式报表（包括明细和汇结分析）和图形分析。系统在数据处理上采用大型数据库，数据的容量及运行速度达到先进水平。

二、快递管理信息系统架构

快递管理信息系统，对快递业务是以运单为核心，从收件到派送回单的整个流程、财务结算（成本、代理结算、应收应付、收款、审核等）、客户服务（网上查单、电话语音服务、个性化定制服务等）等的信息化管理。

（一）快递系统流程

快递可分为四种流程模式：

（1）单点收发：即市内快递；

（2）两点收发：不经中转，直接递送；

（3）中转收发：经中转站进行快件递送；

（4）多中转收发：经两个或两个以上的中转站进行快件递送。

（二）快递系统的总体功能

快递业务的核心是邮件（即快件/运单），所有业务的处理都围绕运单展开。整个系统可以抽象成一条业务主线、两条辅线和两个业务平台，分别是：以运单为中心的核心业务系统为主线、以客户为中心的客户服务系统为辅线、以决策为目标的领导决策支持系统为辅线，以及办公自动化平台和电子商务平台两个业务平台。

快递管理信息系统的系统设计是以计算机技术为支持，通过对快递配送的各环节进行有限的资源最优配置。一般来说，快递管理信息系统功能包括两方面：一方面是快递管理信息系统中心；另一方面也是快递企业对外的Web站点。客户通过浏览器能与服务器进行通信，提供动态信息交互和信息服务，并在此基础上实现对订单下达、实时查询等业务的支持。因此，应把开放性、协调性、有效性作为系统开发的总体目标。

其一是系统开放性。由于供应链管理模式很强调整个供应链上快递提供和需求的有机统一，因此为满足快递各部门及其外协快递伙伴的共同快递协作计划需要，系统必须具有一定的开放性。也就是说，快递管理信息系统不应再是一个封闭式的孤岛系统，而必须是建立在互联网之上的开放式和集成化的供应链信息系统，通过信息的高度共享和交互，与供应商、外协快递合作伙伴、顾客保持较好的沟通和联系。

其二是平台的可扩充性。平台的可扩充性包括两个层面：一是空间上的可扩充性；二是时间上的可扩充性。空间上的可扩充性是指平台能够实现不同地理位置上的规模拓展，因为快递系统设施（如仓库）在空间上的变动很大，因此，快递信息平台必须能够适应快递设施的地域变化。时间上的可扩充性是指当用户需求、技术进步、企业组织结构随着时间的变化而变化时，系统能够对现有的某些功能模块进行改造或能够增加某些功能模块，以适应新的变化。

其三是系统各节点的适用性。快递管理信息系统应当适应企业单个业务分布和整体快递运作的要求。从企业运作角度来看，应当提供整体快递决策所需要的业务信息管理与分析以及快递决策的支持界面和全程反馈的管理界面；而对其外协快递合作伙伴则主要提供制订分配快递计划信息与作业进度信息反馈的操作界面；对企业客户则提供具体的订单接收、运作安排计划信息和查询接口界面。

综上所述，快递管理信息系统的总体功能包括以下三大系统、两大业务平台。

（1）以运单为中心的核心业务系统

核心业务系统包括如下内容。

①收件：短信通知业务员收件、运单录入。②中转：中转到件、中转发件、中转报关。③到件：派件清单、派件回单（标志快件周期结束）。④监管核查：对每一单实时跟踪，及时发现问题并报警，对运单状态全程监控。⑤财务处理：发票、对账单、应收应付、核查、收款付款、财务核销等。⑥问题件处理：对各种问题件进行分类处理。

（2）以客户为中心的客户服务系统

客户服务系统主要包括如下内容。

①查询咨询服务：客户可以通过电话、传真、Internet等方式查询运单状态，咨询相关业务。②投诉处理：受理客户对服务的投诉、赔偿要求等。③接受订单：通过电话、传真、Internet等方式接受客户订单委托、预约等。④主动通知服务：客户可以定制服务要求。如货到后通过短信、电话或E-mail通知发货方。⑤客户关系管理：客户的基本资料、

历史交易情况、服务约束等。⑥Internet服务：用Web方式提供信息服务、咨询查询、公告、预约等服务。

（3）以决策为目标的领导决策支持系统

支持系统包括如下几项内容。

①领导查询：原则上，普通员工能看到的信息领导都可以看到，领导桌面的信息则可以定制。②历史数据分析：用多种直观的方式，如图、表等反映历史交易情况。③客户情况分析：对客户情况做各种分类统计分析，得出有价值的结论。④财务分析：提供应收、应付、各种财务报表等数据。⑤业绩考核：根据设定的管理指标，实时反映员工业绩情况。⑥差错分析：对各种差错做定量、定性分析。

（4）以办公为目标的办公自动化平台

办公自动化建设不是初期系统的建设重点，将在业务系统完成后的未来模型中提供，包括公文流转、任务计划、档案管理、公司公告、考勤考核、车辆管理等。

（5）以互联网为手段的综合电子商务平台

物流行业的分布式、分散式特点决定了Internet对其业务的推动作用将是根本性的。具体来讲，可以通过互联网提供以下服务：进行网上下订单、网上物流信息查询、网上支付（与银行联网）、供应商的调度并对大客户提供个性化服务。另外还可以通过Internet进行网上质量反馈、市场调查等，并与各上游服务商通过Internet沟通信息。

值得一提的是，互联网作为手段在专业快递的电子商务平台建设中扮演了两个角色，即通过Internet向广大客户提供网站服务和利用Internet作为广域网连接总部与各分支机构（即企业内部网）。

第二节　连锁物流管理信息系统

一、连锁物流信息系统概述

连锁物流信息系统所适用的商业业态可以分为百货、商场、购物中心、仓储式超市、大卖场、连锁超市、连锁便利店、综合连锁集团企业、各类专卖连锁店等。

（一）连锁经营

1.连锁经营的概念

所谓连锁经营，其实就是一种商业组织形式和经营制度，是由同一经营总部领导下的若干分支企业或者店铺所组成的一个联合体所进行的商业经营活动。在连锁商业经营中，连锁公司总部对各连锁店的经营要实行“六个统一”，即统一商号、统一采购、统一配送、统一定价、统一核算、统一管理，在管理方式上要实现标准化、集中化和专业化管理，其最终目的是取得规模效益，从而降低成本，提高效益。

2. 连锁经营的竞争优势

连锁经营是零售业的一次变革，它是伴随社会生产力的发展，为适应消费市场需要而产生的一种新型经营方式。

它将传统零售业中同时承担买与卖的职能改变为分别由不同的部门——总部与分店各自承担。

总部负责商品的采购进货，分店负责商品销售。两个职能分离、结合，实现了在零售经营上集中与分散的结合，以及经营的大规模化与经营职能专业化的结合。

3. 连锁行业的特点

具有统一品牌、统一管理、统一服务标准的连锁经营模式在零售业取得了巨大的成功，也成为商业经营领域的一个传奇。连锁行业通常具有以下几个特点。

①一个中心、多个远程连锁店，并且每个连锁店分布在不同的地域。

②远程连锁店和中心之间需要交换数据，比如每个连锁店每天都要把产品的销售情况、销售额等数据上报给总公司；总公司则向连锁店发送通知、产品价格调整等数据。

③总部可以对各门店进行统一管理，集中采购配货。门店可以在总部的政策范围内灵活决策，进行各种促销管理等。

4. 连锁行业的主要管理模式

（1）总店—门店集中管理模式

在这种管理模式下，总店的管理权限高度集中，从采购进货、商品配送、价格管理、供应商结算等业务都由总部完成，门店只负责销售。

（2）总店—配送中心管理模式

总店—配送中心管理模式是指没有门店，仓储（或配送中心）在异地，由总店完成公司的订单、零售供应商结算等业务，仓储（或配送中心）完成收、发货管理，总部能够实时查询商品的进销调存的情况。

（3）总店—配送中心—门店管理模式

总店—配送中心—门店管理模式是典型的连锁管理模式，门店的主要职能就是销售。总部能够查询到仓储（或配送中心）的商品进销存以及门店的销售情况。

（4）总店—门店松散型管理模式

在总店—门店松散型管理模式中，总店与门店相对独立。门店既可以通过总店进行配货，也可以独立采购，而对于加盟商来讲，还可以进行独立核算。在此管理模式中，总部只须综合查询分公司或加盟店的部分数据。

（二）连锁物流信息系统的概念与作用

1.连锁物流信息系统的概念

连锁物流是指零售商内部的物资流通活动，即从商品购进到商品销售的物资通过全过程，包括商品的入库、分类、加工、储存、配送，以及这些活动产生的信息收集、处理和利用的过程。

连锁物流已经广泛使用了销售时点系统（Point of Sale，POS）、电子订货系统（Electronic Ordering System，EOS）、电子数据交换（Electronic Data Interchange，EDI）、商业增值网络（Value-Added Network，VAN）和商业管理信息系统等。这些系统初步构成了连锁物流信息系统。

2.连锁物流信息系统的作用

（1）形成商品的订货计划

连锁物流信息系统的重要功能之一就是根据各种商品订单形成订货计划。商品的订货计划应在满足销售需要的情况下，使采购费用、库存费用之和最低。这也是衡量零售商物流系统优劣的一个重要指标。

（2）进货验收

采购部门将采购的商品运回后，需要进行储存加工。但在此之前，需对商品的数量、质量、规格等进行核对，以保证满足购货合同的要求。进货验收是物流系统的一个重要环节，进货验收工作做好了，可以减少由于供货合同与供应商产生的纠纷，减少经济损失，也为之后的储存、加工打下良好的基础。

（3）储存和加工

零售商仓库对验收合格的商品进行分类、分拣、编码，并按照商品的种类和储存条件储存，然后按门店或销售部门订货需要进行加工、配送。合理的加工、储存方案会提高仓库的利用率，给零售商带来可观的经济效益。

（4）配送

仓库根据各个门店的订货单，加工、配备商品，在配送系统的指导下，送到销售门店。其中构建配送系统是非常关键的，良好的配送系统会大大缩短配送路程，节约人力物力。实行商品的配送制是连锁组织管理体制上的一次重要变革，是零售商发展的方向。

（5）物流信息处理

物流信息产生于零售商物流系统的各个环节，包括订货、验收、储存、配送、售货等。为了及时采购所需商品，保证销售需要，同时降低成本，需要及时汇总销售情况，随时掌握库存的数量，了解市场价格、供求情况，这都要求对上述相关信息进行及时、准确的处理，客观上需要建立以计算机为中心的连锁物流信息系统。

（三）连锁物流信息系统的架构

1. 连锁物流对信息技术的依赖性

（1）连锁企业有众多经营网点，必须通过信息技术协调。

（2）连锁经营的关键是各种“链”的连接。这必须依靠信息技术，常用的信息技术有条码技术、POS技术、EOS技术、EDI技术、VMI管理技术等。

（3）众多经营网点的物流配送和商品信息管理离不开信息技术。

（4）大型连锁企业经营业态多样化的发展趋势与信息技术息息相关。

2. 信息技术对连锁企业内部运营的影响

信息技术对连锁企业内部运营的影响主要包括：改善企业库存和物流管理，改变市场营销和销售管理活动，影响售后服务、企业采购管理、人力资源管理活动、企业的基础结构等。

3. 连锁物流信息系统的组成结构与运行模式

连锁物流信息系统以总部为中心，以配送为物流通道，连接众多分支机构，构筑商业零售连锁的网络。系统达到统一采购、统一核算、统一库存、统一配送、统一价格、统一服务规范的连锁经营模式。

连锁物流信息系统的成功运用可以规范业务流程，及时掌握市场动态，降低流通成本，降低库存占用，及时、准确地了解各层次连锁机构的销售情况和库存情况，统筹供货周期，提高对市场的响应速度，真正实现统一配送、统一仓储管理，及时获得准确的统计分析资料，基本杜绝积压与缺货情况，使经营更贴近市场。

二、连锁物流管理信息系统架构

连锁物流管理信息系统是在商业连锁行业计算机管理经验不断积累的背景下，行业不断运用、不断完善而开发成功的商业信息管理系统。结合国内外优秀的管理理念，突出业务流程，细化过程，通过权限控制，达到整个集团的统一管理。大型连锁物流企业一般有三级管理体系结构，即总部控制、区域控制、销售POS点。

在跨区域连锁管理上，系统可以便捷地在连锁总部及其连锁加盟组织之间进行网络互联，实现连锁经营管理信息化和连锁门店营销网络化。在连锁经营网络的组织上，系统通过构筑连锁管理系统，将总部、配送中心、连锁门店以网络方式连接起来，实现采购、合同、批发、库存管理、销售等职能的流程化、规范化。

（一）连锁物流信息系统的业务流程

在连锁物流信息系统中，处理的数据包括销售业务数据、会计数据和人事数据，其中销售业务数据是最多的。按处理地点来分，销售业务数据可分为公司内部数据和外部数据，前者是关于销售事务和会计处理的数据，后者是关于市场调查分析的数据。而按照数据处理形态来分，可分为基本业务数据和统计数据。基本业务数据来自日常的销售业务，是原始的销售数据；统计数据是基本业务数据加工整理之后形成的各种报表、统计等数据。

1. 销售数据处理

销售数据处理是指企业即时处理从订货到交货的一系列业务的过程。首先由营业员将来自特约店的订货做成“出库委托单”，并立即从终端机输入，通过网络进入系统中心，对数据的种类加以判定，转送给销售数据处理程序。通过格式检查、内容的逻辑检查、对方特约店品种名称的检查等所获得的正确数据，经过与库存文件的核对，在确认仓库现有库存的基础上发出传票，出库并在指定的仓库终端机上打印出单据。同时更新库存文件，以更新后的库存等待下次订货。

在出库单据上自动记录销售单价，并算出销售金额。为了节省交货过程中的手工作业时间，还打印出交货时按品种、按单据分类的货物重量和体积。

交货后做完单据的数据，记录在信息收集磁盘上，待联机处理完成后，制成销售结算表和销售统计资料，分发给营业部门和经理部门。另外，通过给仓库管理部门提供货物收发明细表，也可使记账事务做到自动化。

2. 收发数据处理

准确掌握最新库存情况是正确处理销售数据的前提。而最新库存情况的掌握依赖于生产额、采购额、仓库相互间的转移保管以及其他的收发数据。仓库部门在每次变动这些收发数据时，都要进行联机输入，这些数据也和销售数据一样被记录，以便在每月做月度决算时使用。库存文件在联机处理结束以后，就要按顺序进行检索，并以文件中设置的标准库存、最低库存或订货量为基础，把充当库存的采购品按其采购点做成订单。

3. 自动配送

随着通信网络与计算机技术的发展，连锁物流信息系统已逐步实现了通过联机线路进行信息自动集中，形成配送方案，既提高了信息传输的准确性和传输速度，又优化了配送方案，大大提高了工作效率。

4. 核查业务

核查业务的任务是及时、准确地采集销售数据，在联机处理结束后做好分类整理的文件，用它来满足各自终端的核查要求，能够及时反映销售、库存量、账务数据和报表信息，为决策者提供及时、准确的决策支持信息。

5. 数据收集

连锁物流信息系统通过网络、传真等现代科技手段，将所收集的数据记录在系统中心的数据收集盘上，并与批处理结合起来，以此来提高数据收集速度。数据收集可以及时掌握整个系统的运行状况。

（二）连锁物流信息系统的实施

1.各职能部门的目标

（1）订购部门的目标。考虑销售商品的供应情况，及时回答客户的预订申请；保证接纳有效的订货，即接纳的客户是得到认可的，接纳的订货商品是可以支付的；保证订货在48小时内交付；不会出现订货冲突；统计分析没有兑现的合同。

（2）会计部门的目标。发货后应该自动向客户发出通知，力求做到客户收到发票后立即予以支付；统计销售和库存数字，提供财务报表，如平衡表、利润表、利润上缴账目等；定期向不及时支付的客户发出催款通知以减少欠额等。

（3）销售部门的目标。实时掌握每一次交易的相关信息，分析实际销售情况，预测未来的销售情况。

（4）发运部门的目标。及时得到详细的、准确的运货通知，以利于运送货物。

2.处理流程

（1）数据的格式。不管是什么种类的数据，在终端输入的数据都统一成规定的格式，且在数据的前面打出联机标题。联机标题中包括终端代码、数据种类和输入编号。

（2）系统运行方式。系统运行方式可根据零售商营业时间确定，可采用日班运行和昼夜运行两种方式。像24小时便利店就可以采用昼夜运行的方式，而普通零售商场宜采用日班运行方式。

（3）数据核查。在数据通过联机传送之前，将数据同各种委托单核对后计入表中，然后按终端数据的种类确认从中心向终端传送输入、出错和输出等的次数。

（4）批处理业务。通过网络将库存文件传给批处理系统，批处理系统将这些数据加工整理之后，把生成的新的库存文件、主文件一起发给主系统。

（5）联机结束时的作业。联机结束后，要把未送出的数据加以保存，并打印当日处理数据结果报表，提供给决策者。

（三）连锁物流信息系统的功能设计

连锁总部花费大量人力、财力、物力，精心设计开发的各种经营手段和方式，最终都必须通过各个连锁分店的日常营业活动才能实施。

连锁分店的业务管理是连锁商业经营与消费者直接见面，最后接受消费者检验的关键环节。连锁分店业务管理的好与坏，直接决定了连锁企业的好与坏。为了管理好连锁企业，连锁物流信息系统的功能设计应包括以下几种系统。

1.收货、验货系统

（1）电子价签程序

电子价签程序的主要功能是跟踪商品价格，并打印相关数据标签（如果商品包装印有零售价格，则不必打印价签）。

（2）收货验货方法

收货验货利用无线射频识别技术。采用无线射频终端扫描商品上的条码，然后与电子方式传来的运输通知单据进行核对。

2.库存管理系统

（1）计算机辅助订货。根据库存、销售等信息，生成合理的订单，并及时迅速地发给制造商或物流中心。

（2）单品信息维护。维护各种商品的价格、数量、规格等信息，保证它与POS机内的价格、货架价签和公司的价格一致。

（3）损耗跟踪。处理因系统错误或超出保质期食品引起的商品损耗，以及因员工或顾客偷窃造成的损失。

（4）账面库存查询。根据查询要求，提供满足条件的库存信息，为决策者提供信息支持。

（5）实际库存核查。定期检查商品数量以保证实际库存与账面库存相符。

3.报表系统

报表系统处理根据POS传来的销售数据及库存信息，生成各种报表，如销售统计报表和库存表等，迅速传输给各级经营管理者，使管理人员与地区经理能够及时检查特定地区内不同店铺或不同地区店铺的业绩，从而辅助总部和现场管理人员调整销售方案等。

4.店内布局系统

店内布局系统分析各商品的数量、摆放条件、空货位相互促销等多方面因素，给出合理的商品摆放方案，从而合理安排各商品位置，并达到促销作用。例如，饮水机与清洗剂摆放在一处，因为购买饮水机的人往往要购买清洗剂。

5.数据自动收集系统

数据自动收集系统（Auto Data Collect，ADC）采用带有磁条或芯片的卡作为信息载体，采集顾客的信息。店铺负责完成数据收集工作，而数据处理工作则会在总部或地区进行处理。POS和ADC的结合使用加快了结账速度，提高了顾客的满意程度，具体包括以下应用。

（1）支票确认。系统对顾客服务卡及支票能快速确认，使顾客可以使用支票或现金付款。

（2）跟踪顾客采购数据。将顾客服务卡与POS结合起来，达到跟踪顾客采购数据的目的。例如，可发放激励顾客采购的会员卡，根据采购数据给予顾客一定的折扣或其他形式的奖励。而店铺将POS机所记录的顾客详细采购信息与会员卡上的顾客姓名和其他人口统计特征信息组合起来，从而了解本地市场的实际状况及单个顾客和其采购偏好，就可以展开多种面向顾客的营销活动。

（3）信用卡的支付功能。信用卡是用来简化采购的电子支付手段，可以自动将用户银行账户上的资金划转来支付货款。

（4）电子福利转账。电子福利转账是一种使用福利支票或食品票来支付的电子化手段。它直接从客户的福利账户上减去采购金额，减少了欺诈行为，并方便了顾客和店员处理福利支票或食品票付款的过程。

6. 人力资源管理系统

（1）考勤确认。通过考勤机收集店员考勤数据，发送给总部，供员工工资核算系统使用。同时备份，提供给店铺经理，方便其管理。

（2）人员调度。综合考虑员工的个人能力、特定工种所需要的技能及特定工作需要人力的时间数据，优化人员的调度，以期满足工作需要，提高工作效率；还可以通过分析POS所提供的店铺高峰期数据决定特定时间内对各工种人员的需求数量，从而节省了大量的人员调度时间，优化了人员使用方案。

7. 现金管理系统

该系统支持店铺的现金管理，并统计现金管理数据，通过店铺门店系统将这些数据发送给总部生成财务报告，其中包括现金控制、存款确认、合并账户等方面。

（四）连锁物流信息系统结构

理解连锁物流信息系统结构，首先要了解连锁企业的组织结构。对于总部运行来说，首先，可以下达销售任务给各门店，自动统计汇总各门店的销售情况，实现对门店销售过程的监控。其次，可以根据门店的销售情况及一系列参数的设置，自动生成采购计划，同时根据供应商供货信息，判断并选择最优供应商进行供货处理。系统还可以根据各个门店商品的种类及各种参数，自动针对各个门店进行补货处理，或根据各门店的库存状况进行商品余缺的调配处理。

对于门店来说，通过销售日报可以随时了解每天的销售情况，了解任务的完成情况，及时采取各种促销策略。通过存量控制，及时了解库存情况，对低于存量控制的存货及时向总部提出要货要求，对于高于存量的存货及时进行各种促销处理。

1. 连锁物流信息系统的结构设计

连锁分店直接面向顾客，是连锁企业实现商业行为的主要环节。因此，连锁分店是连锁企业的基础。在连锁企业中，连锁分店的主要任务是在连锁总部的统一指导下，围绕销售环节努力满足消费者的需求，提高服务质量，开展各种各样的促销活动，最大限度地实现商品的销售。

（1）连锁分店的特点

①连锁企业具有分店数量多、分店的信息量大的特点。②连锁分店具有分散经营的特点。③统一管理是连锁经营的特征，也是连锁经营的主要特点。④连锁分店的日常作业管理有统一的规范。⑤连锁经营具有联购分销的特点。

根据以上特点可以看出先进的信息管理系统对于连锁分店的重要性和必要性。从某种意义上讲，信息管理系统是商业连锁企业经营模式不断完善与发展的基础。

（2）连锁分店计算机系统的结构与配置

连锁分店的计算机系统根据连锁分店的规模与对计算机信息管理的要求，有不同的系统配置和结构。

大中型连锁分店经营的商品品种多、销售量大，多采用中高档服务器或小型机作为系统的主服务器，操作系统选用UNIX系统等，工作站则选用PC，前台销售最好选用第三类收款机，条码扫描器选用手持或平台式均可。另外还应配备UPS电源、打印机及磁卡刷卡机等辅助设备。

2.连锁物流信息系统的性能设计

（1）连锁物流信息系统的性能要求

连锁物流信息系统的主要作用在于它可以为流通企业提供管理物流体系的整体解决方案并支持各类物流配送中心的商务处理，同时应提供实用的联机平台及应用软件集成方案。

特别是可以实现与自动化仓储管理、流动库存管理、运输规划协同、品类规划、供应商管理库存、跨区域多业态集中采购管理等的有机衔接。系统还应具备与各种现代化的物流技术设备及其他管理信息系统的接口能力，成为流通企业物流体系及物流配送中心应用的集成解决方案。

（2）连锁物流信息系统的主要功能

连锁企业的配送中心可自建和自营，也可通过第三方物流配送中心协同配送。连锁物流信息系统的主要功能一般包括：基本资料管理，指主要是指对商品信息、客户信息的管理；采购管理，包括供应商管理、合同管理以及采购管理；配送管理，指对配送及库存商品的管理；运营管理，包括对商品价格、促销及会员的管理、处理门店各种销售，记录每笔销售所涉及的商品、金额、折扣、时间等信息；结算管理，指对应收应付款、发票、对账单、核销的管理；统计分析，指采用数据仓库技术，进行决策支持分析；系统管理，指对数据通信、门店日结的管理。

3.连锁物流信息系统的构成

连锁物流信息系统分为连锁总部管理信息系统、配送中心管理信息系统、连锁POS销售管理信息系统。

（1）连锁总部管理信息系统

连锁总部是连锁企业的决策指挥中心，决策的正确性和指挥的及时性关系到整个连锁店的经营成败，因此，连锁总部必须及时、准确地掌握各连锁门店内外的商业信息，以便及时实施决策和管理。

连锁总部的主要职能包括经营管理职能、统筹进货职能、教育培训与指导职能、开发职能、融资职能、信息职能。

（2）配送中心管理信息系统

连锁企业的配送中心负责汇集连锁分店的订货，向供货方进行采购，接受供货方送货，按连锁分店的订货要求进行加工、包装、分拣、组配，并按规定的时间将配好的商品送交连锁分店的流通机构，是连锁企业配送业务的主要承担者。

配送中心的主要作用表现为：减少商品的交易次数和流通环节；产生规模效益；减少连锁分店的库存，提高保证供应程度；发挥专业化分工的优势，有效地降低物流成本；有效地控制商品质量，并可以及时反馈销售信息；使连锁经营的“六个统一”得到组织保证。

（3）连锁POS销售管理信息系统

POS销售管理信息系统的基本组成部件包括硬件和软件两部分。硬件包括电子收款机、条码扫描仪、金融信用卡刷卡设备、数据通信接口、数据库服务器、网络互联设备等；软件包括系统软件和收款机应用管理软件等，它包含前台POS系统和后台MIS系统。

前台POS系统是销售收银的体现，处理门店的各种销售，记录每笔销售所涉及的商品、金额、折扣、时间等信息。每天定时将这些数据发给总部，实施一系列销售控制，如价格控制、促销控制等，并提供销售情况和毛利分析以及业绩考核。

近年来，随着商品流通业的快速发展以及竞争的加剧，连锁商业企业对物流的管理越来越重视。在基础设施和设备不断投入和完善的同时，连锁物流信息系统成为发展连锁商业企业必不可少的重要组成部分。

连锁商业经营，是由同一经营总部领导下的若干分支企业或店铺所组成的一个联合体所进行的商业经营活动。其中，连锁总部对各连锁店的经营要实行“六个统一”，在管理方式上要实现标准化、集中化和专业化管理，其最终目的是取得规模效益，从而降低成本，提高效益。

连锁经营具有很好的竞争优势：它有利于取得规模效益，有利于降低经营成本，有利于实现标准化和专业化。同时，连锁企业的发展对信息技术有着天然的依赖性。

连锁商业企业在结构组成上，包括三个相互关联的组成部分，分别是连锁总部、连锁分店和配送中心。与此相应，连锁商业企业管理信息系统在结构组成上，也包括连锁总部管理信息系统、配送中心管理信息系统、连锁分店管理信息系统。

连锁物流信息系统可以实现连锁企业的现代化管理，可为企业提供更迅速、更精确、更有用的信息资料，能为决策提供可靠的依据，对市场分析和企业决策极为重要。

第三节　物流信息系统运行与管理

一、物流信息系统的运行管理概述

所谓运行管理，就是对物流信息系统的运行进行监测和控制，记录其运行状态，对其进行必要的完善、修改和补充，以使其充分地发挥功能。

物流信息系统运行管理的目标就是对信息系统的运行进行实时控制，记录其运行状态，进行必要的修改与扩充，以便使信息系统真正符合管理决策的需要，为管理决策者服务。

（一）物流信息系统运行的组织机构

有效地组织好信息系统运行对提高物流信息系统的运行效率是十分重要的。系统运行组织的建立是与信息系统在企业中的地位分不开的。目前国内企业组织中负责系统运行的大多是信息中心、计算中心、信息处等信息管理职能部门。随着人们认识的逐步提高，信息系统在企业中的地位也逐渐提高。

（二）物流信息系统人员配置

人员是项目成功的关键。软件不是科学，只是一门技术，一项与人及组织有着密切联系的技术。尽管软件工程师们是聪敏有才气的，但如果不把他们很好地凝聚到一起，不把他们的激情调动起来，项目要成功就很难。一个运转良好的团队通常可以产生远远超出单个成员的生产效率，而好的项目团队的标志是“2+2＞4”。如何组建一个和谐的团队是项目经理的职责所在。

人员配置与管理好坏是物流信息系统发挥作用的关键，没有好的人员管理，分工协作不能有效进行，人—机系统的整体优化将是一句空话。运行期间的信息系统管理部门内部人员大致可以分为三大类，即系统维护人员、管理人员和系统操作人员。

一般而言，在中小型企业中，物流信息系统部门的人员较少，常常是一人身兼数职，而在大型企业中的物流信息系统管理部门的构成比较复杂，人员较多，分工也较细，其人员究竟多少为好，主要还是根据管理需求和物流信息系统的规模而定。

人员的管理主要包括三个方面。

①明确地规定各类人员的任务及职权范围。尽可能确切地规定各类人员在各项业务活动中应负的责任、应做的事情、办事的方式和工作的次序。简单地说，要有明确的授权。

②定期检查、评价每个岗位的工作。具体做法是：对每种工作建立相应的评价指标，这些指标应该尽可能有定量的尺度，以便检查与比较；应该有一定的客观的衡量办法，并且要真正按这些标准去衡量各类工作人员的工作，即必须有检查和评价。

③对工作人员进行培训。进行培训以使工作人员的工作能力不断提高，工作质量不断改善，从而提高整个系统的效率。

二、物流信息系统运行管理的内容

物流信息系统的运行管理工作是系统开发工作的继续，是系统能否达到预期目标的根本，主要包括日常运行的管理、运行情况的记录，以及对系统的运行情况进行检查与评价。

（一）物流信息系统日常运行的管理

物流信息系统投入使用后，日常运行的管理工作量巨大，通过信息系统必须完成数据的收集、例行的信息处理及服务工作、计算机本身的运行与维护、系统的安全管理四项任务。

1.数据的收集工作

数据的收集工作一般包括数据收集、数据校验及数据录入三项主要任务。

如果系统数据收集工作不做好，整个系统的工作就成了“空中楼阁”。系统主管人员应该努力通过各种方法，提高数据收集人员的技术水平和工作责任感，对他们的工作进行评价、指导和帮助，以提高所收集数据的质量，为系统有效工作打下坚实的基础。

数据校验工作，也就是对数据进行把关。在较小的系统中，往往是由系统主管人员自己来完成。在较大的系统中，一般需要设立专职数据控制人员来完成这一任务。

数据录入工作的要求是迅速与准确。录入人员的责任在于把经过校验的数据录入计算机。他们应严格地把收到的数据及时、准确地录入计算机系统，录入人员并不对数据在逻辑上、具体业务中的含义进行考虑与承担责任，这一责任是由检验人员承担的，录入人员需要保证录入计算机的数据与纸面上的数据严格一致，决不能由录入人员代替检验人员。

2.完成例行的信息处理及服务工作

常见的工作包括例行的数据更新、统计分析、报表生成、数据的复制及保存、与外界的定期数据交流等。这些工作，一般来说都是按照一定的规程，定期或不定期地运行某些事先编制好的程序，由软件操作人员来完成的。这些工作的规程，应该是在系统研制中已经详细规定好了的，操作人员也应经过严格的培训，清楚地了解各项操作规则，了解各种情况的处理方法。组织软件操作人员完成这些例行的信息处理及信息服务工作，是系统主管人员的又一项经常性任务。

3. 计算机本身的运行与维护

这些运行和维护工作包括设备的使用管理、定期检修、备品配件的准备及使用、各种消耗性材料的使用及管理、电源及工作环境的管理等。

对于大型计算机，这一工作需要有较多的专职人员来完成；对于微型机，则不要求那么多的人员及专门设备，但至少也要指定能够切实负责的人员来兼管这些事情，无人负责是不行的。

4. 系统的安全管理

系统的安全管理是为了防止系统外部对系统资源不合法的使用和访问，保证系统的硬件、软件和数据不因偶然或人为的因素而遭受破坏、泄露、修改或复制，维护正当的信息活动，保证信息系统安全运行所采取的手段。信息系统的安全性体现在保密性、可控制性、可审查性和抗攻击性四个方面，它是日常工作的重要内容之一。

（二）物流信息系统运行情况的记录

系统的运行情况如何，对系统管理、评价是十分重要且宝贵的资料。而多数企业或单位却缺乏系统运行情况的基本数据，无法对系统运行情况进行科学分析和合理判断，难以进一步提高信息系统的工作水平。信息系统的主管人员应该从系统运行伊始，就注意积累系统运行情况的详细资料。

1. 系统的工作数量信息

系统运行工作数量是指物流信息管理系统投入正式使用后的具体使用情况，包括使用时间、数据位置、系统存储情况、使用频率和数据积累总量等。例如开机的时间、每天（周、月）提供的报表的数量、每天（周、月）录入数据的数量、系统中积累的数据量、修改程序的数量、数据使用的频率、满足用户临时要求的数量等反映系统的工作负担、所提供的信息规模以及计算机应用系统功能的最基本数据。

2. 系统工作的效率

系统运行工作效率是指物流信息管理系统投入正式使用后完成的工作量与所耗费的人力、物力的比较。例如单位时间内处理物流作业的信息量；完成一次年度报表的编制，用了多少时间、多少人力；使用者提出一个临时的查询要求，系统花费了多长时间才给出所要的数据。此外，还包括系统在日常运行中，例行的操作所花费的人力是多少、消耗性材料的使用情况如何等。

3. 系统工作的质量

系统运行工作质量是指物流信息管理系统投入正式使用后的工作效果，如系统使用人员感到满意、减轻了工作量、减少了差错事故等。信息服务和其他服务一样，应保质保量。如果一个信息系统生成的报表，并不是管理工作所需要的，管理人员使用起来并不方便，那么这样的报表生成得再多再快也毫无意义。同样，使用者对于提供的方式是否满意，所提供信息的精确程序是否符合要求，信息提供得是否及时，临时提出的信息需求能否得到满足等，也都在信息服务质量考察的范围之内。

4. 系统的维护修改情况

系统中的数据、软件和硬件都有一定的更新、维护和检修的工作规程。这些工作都要有详细、及时的记载，包括维护工作的内容、情况、时间、执行人员等。这不仅是为了保证系统的安全和正常运行，而且有利于系统的评价及进一步扩充。

5. 系统的故障情况

系统运行工作故障是指物流信息管理系统正式投入使用后所发生的故障情况。如数据出现错误、死机等。系统的故障不只是指计算机本身的故障，而是对整个信息系统来说的。例如，由于数据收集不及时，使年度报表的生成未能按时完成，这是整个信息系统的故障，但并不是计算机的故障。无论大小故障，都应该及时地记录以下情况：故障的发生时间、故障的现象、故障发生时的工作环境、处理的方法、处理的结果、处理人员、善后措施、原因分析等。

三、物流信息系统运行管理制度的建立与实施

企业启用新物流信息系统后，便进入长期的使用、运行和维护期。为保证系统运行期间正常工作，就必须明确规定各类人员的职权范围和责任，建立健全信息系统管理体制，保证系统的工作环境和系统的安全，为此要有效地利用运行日志等对运行的系统施行监督和控制，这也是系统正常运行的重要保证。

（一）物流信息系统运行的机房管理制度

一个较大的系统往往是一个网络系统，除中心机房外，工作站大多安装在业务人员的办公室，没有专门的机房。

专用机房要有一套严格的管理制度，正式行文并张贴在墙上。

（二）物流信息系统的运行管理制度

系统的运行是长期的，而不是突击性的，要使每一个操作计算机的人养成遵守管理制

度的习惯。对运行中的异常情况要做好记录、及时报告，以便得到及时处理，否则可能酿成大问题，甚至出现灾难性故障。

系统中的数据是企业极其宝贵的资源，禁止以非正常方式修改系统中的任何数据。

数据备份是保证系统安全的一个重要措施，它能够保证在系统发生故障后恢复到最近的时间界面上。重要的数据必须每天备份，以便保证系统数据的绝对安全。

（三）物流信息系统的运行日记制度

系统运行日记的内容应当包括：时间、操作人、运行情况、异常情况、值班人签字、负责人签字等。系统运行日记主要为系统的运行情况提供历史资料，因此运行日记应当认真填写、妥善保存。系统运行日记也可为查找系统故障提供线索。

四、物流信息系统运行的档案管理

系统文档并非在系统开发之前一次形成的，它是在系统调查与规划、分析、设计、实施、运行和维护的整个过程中不断地依次编写、修改、完善与积累而成的。如果没有规范和系统文件，系统的开发、运行和维护将处于一种混沌状态，系统质量根本无法保证。因此可以说，文档是系统的生命线，没有规范的系统文档就没有系统成功的保证。

（一）物流信息系统文档的类型

信息系统文档按照不同的分类标准，可以分为不同的类型，包括技术文档、管理文档和记录文档三种。

物流信息系统文档是系统的重要组成部分，要做好分类、归档工作，进行妥善、长期保存。档案的借阅也必须建立严格的管理制度和必要的控制手段。

（二）物流信息系统文档的管理

为了最终得到高质量的信息系统文档，在信息系统的建设过程中必须加强文档的管理。文档管理应从以下四个方面着手进行。

1. 文档管理的制度化、标准化

必须形成一整套的文档管理制度，其内容包括以下四方面：

（1）明确必须提供文档的种类、格式规范；

（2）明确文档管理人员；

（3）明确文档的制定、修改和审核的权限；

（4）制定文档资料管理制度。

2. 文档管理的人员保证

项目小组应设文档组或至少一位文档保管人员，负责集中保管本项目已有文档的两套主文本。两套文本内容应完全一致。其中的一套可按一定手续供借阅。

3. 维护文档的一致性

信息系统开发建设过程是一个不断变化的动态过程，一旦需要对某一文档进行修改时，要及时、准确地修改与之相关的文档，否则将会引起系统开发工作的混乱。而这一过程又必须有相应的制度来保障。

4. 维护文档的可追踪性

由于信息系统开发的动态性，系统的某种修改是否最终有效，要经过一段时间的检验，因此文档要分版本来实现。而版本的出现时机及要求也要有相应的制度。

第五章　生态位理论视角下智慧物流的发展

第一节　面向生态链的智慧物流系统架构

一、智慧经济视角下的生态链

（一）智慧经济中的“生态链”及其特点

在生物学中，“生态链”是指相互制衡的链状系统，存在数量、能量传递递减的规律。处于最底层生命的数量和能量要比上一层高，每高一层，数量和能量将会更少。而从管理角度来看，生态链更多的含义是一种生态经济。

在这个链条或者说经济模式下，可以实现跨产业纵向与横向整合下的价值链重构，形成全球化的开放式闭环共享生态系统，通过跨界创新、破界化反，创造全新的用户价值和经济价值，并且通过不断地系统更新、迭代实现生态链可持续的稳定发展。企业生态链的概念与生物学的概念存在差异，企业中的生态链往往是指围绕核心目标，开展延伸功能与业态，从而形成的扩展组织结构。智慧经济视角下的生态链具有三个显著特点。

1.整合共生

在智慧经济的生态链中，终端客户不再满足于单一的产品或服务，他们期望从一个整合的企业平台中获取多样的服务体验，因此整合性是生态链的核心特征。在生态链中，往往存在一个核心企业负责将其他企业的功能进行汇聚，并在此基础上进行融合创新。基于这种高度整合的结构，生态链的上下游之间维持着共生共存的紧密关系，核心企业负责决定整个生态结构的定位和竞争优势，非核心企业则为核心企业提供所需的资源和养分。

2.跨界互融

任何一个企业都是其产品在设计、生产、销售、交货和售后服务方面所进行的各项活动的聚合体。每一项经营管理活动就是这一价值链条上的一个环节。生态链的一大特点是通过跨界，包括上下游之间的纵向跨界，以及不同产业和组织之间的横向跨界，实现价值链的重构。在智慧经济中，随着大数据、云计算、5G、人工智能等技术的普及，行业环境进一步融合，商业模式在颠覆和被颠覆中不断变化。对于生态链上的每个成员而言，其竞争对手和合作伙伴都可能来自跨界领域，而企业也必须时刻储备能力，准备好进入全新的领域，接受跨界业务的全新挑战。

3.可持续发展

智慧经济中的产业模式在不断变化，生态链的结构也随之不断融入新的功能，而这些新的功能需要具有可持续性和可延展性，从而保障其可以随着环境的变化而不断拓展。在生态链的形成初始，就要考虑到组织架构的前瞻性，智慧经济的发展原则应该是通过先进科技推动现代社会、经济、环境等方面的可持续发展和集约发展。具体来看，在智慧经济中，通过现代科学技术不断提升生产、服务的效率，不断完善基础设施质量，提高对环境、社会等相关信息的采集和监控，最终降低能源消耗。同时，可持续发展也蕴含了长远的战略眼光，智慧经济下的生态链构建与延伸的逻辑应以未来需求来指导当下决策，不断布局越来越多的前瞻性产品和服务。

（二）智慧经济视角下的物流生态链结构

如今，物流供应链已经被许多企业视为生命线和重要的利润源泉。越来越多的企业家认同和重视通过优化物流环节来实现企业降本增效。经过几十年的发展，中国物流的运营模式经历了四次重大变革，分别是物流1.0阶段（运输、仓储、加工、包装、配送等业务各自独立运作）、物流2.0阶段（运输、仓储、加工、包装、配送等业务实行一体化物流运作）、物流3.0阶段（企业物流、信息流和资金流全面融合，物流运作进入供应链管理时代）、物流4.0阶段（现实物理世界的物流实体运作与网上虚拟的物流信息开始全方位融合，开启物流互联网时代）。

物流4.0阶段标志着现代物流真正进入“智慧物流时代”，一批综合实力强、引领行业发展的标杆型智慧物流企业加快涌现。智慧经济背景下的物流企业生态链，将生态链的整合共生、跨界互融与面向未来的可持续性充分展现出来。

其一，从基本结构来看，智慧物流生态链具有三个主要的组成部分：供给生态群、生态运营商与需求生态群。对于两端的供给生态群和需求生态群而言，通过物联网形成社群是智慧物流生态链的关键。物联网社群的存在，使物流提供商之间、客户之间产生相互影响。不同于传统的单纯竞争环境，生态链中的群体之间存在正向的互补关系。而物流生态运营商则负责通过平台运营中心，在智慧仓储、智慧云配等技术支持下，实现两个社群的高效匹配。

其二，从核心环节来看，智慧物流生态链包括三个核心环节：智能化作业、数字化集成与可视化运营。与传统物流生态链相比，智慧物流生态链中的上述环节具有以下重要特点。①技术创新至关重要。技术的重要性不言而喻，因为物流生态运营商的核心能力需要基于数字化的分析，包括组织间的信息互通，以及对服务过程的跟踪与监控，都需要技术上的支持。而上游的物流提供商为了提高作业效率，减少成本和差错率，需要使用大量智能化的新技术和新设备：操作全程条码化，应用手持终端、RFID（射频识别技术）、物联网（IoT）、智能设备（AGV、无人货架和自动流水线），以及各种智能策略（上架、拣货等）。基于提供商的智能作业和物流生态运营商的数字集成，可以实现可视化运营，如看板管理、任务跟踪、绩效管控、库存预警、业务提醒等功能，这需要依托持续更新的强大技术功能，需要紧跟最新的技术趋势。②组织架构相对灵活。智慧物流生态链是一种灵活的、高效的、快速迭代的组织架构。基于大数据等新技术快速实现创新，通过技术的精确性来降低市场的不确定性。同时，平台的服务能力是系统竞争力的核心，而上游服务能力的提供则相对灵活，可以通过标准化培训快速培育出一批具有服务能力的同质提供商，以应对灵活多变的业务需求。在智慧物流的生态链中，业务的流动方向不仅是单向流动，更多是一种双向流动，各个生态链环节之间通过实时的信息共享，随时随地进行数据同步，并依托智能化分析工具进行上下游协同的任务分配。而对于供给端和需求端来说，也不是简单的拉式或推式业务方式，更多的是一种基于平台的混合业务方式，平台可以在极短的时间内实现快速、精准的供需匹配，在循环匹配的过程中促进供给端能力改进和需求端需求形成。③根本原则是上下游协同。智慧物流中的生态链能够实现商贸、物流、金融等相关企业的协同运作，具有更加明显的多渠道融合特点，海量客户需求的订单需要智能化的供需匹配与合理分拨来实现系统效率的最大化。在系统运作的全过程中，协同思想指导着每一个环节，包括服务产品的定义，履约协同流程与节点，数据集中与分析，服务可视化中的跟踪、优化与绩效管理等。

其三，从支撑要素来看，智慧物流生态链的运作离不开高效的数据共享、各环节无缝衔接的信用机制，以及连通万物的物联网技术。

二、面向生态链的智慧物流系统架构设计

（一）面向生态链的智慧物流系统架构设计的重点与难点

智慧物流生态链的背景下，物流运作要面临复杂、多样、相互连接的场景。面向生态链的物流系统架构构建的重点在于，生态链结构的设计过程中需要充分考虑智能技术对其各环节带来的变革，全流程的管理都以数字化为基础，企业在进行架构设计时需要对底层物流数据进行深入的收集与挖掘，以找到关键节点来进行优化和管理。同时，生态链结构设计与智慧化运营、管理、优化都要从全局视角出发进行推进，以实现全链条的协同优化。

实现全球供应链网络的协同优化，存在以下三大难点。

第一，需要具备考虑全局的智慧大脑，有效进行生态链中的组织设计，抽象建模、设计。生态链结构的三个重要端点是供给生态群、生态运营商、需求生态群。完整的组织设

计与抽象模型，需要对智慧经济下各端点的特点，以及生态链架构中的核心环节的接口工序有清晰的认知。在此基础上，需要在进行供应链架构设计的过程中，以全局观念进行子架构内部和子架构之间的规划设计，这样才能实现全局的优化。

第二，要清晰地认识到，在智慧经济下，如何高效地利用相关工具，对海量数据进行处理、分析和挖掘，为业务赋能是非常重要的环节。目前的相关高新技术已经非常成熟，但是如何将这些技术与企业自身的情况进行对接，才是核心的问题。这不仅需要对企业战略有清晰的认知，更需要对技术手段的价值与组合价值有清晰的了解。

第三，需要处理好智慧经济下的三流集成问题。信息流、物流和资金流因其不同的流动速度、流动路径与流动目标，成为传统物流架构设计的一大难点。在智慧经济下，三流的特点发生了一些变化。具体来说，从流动速度看，信息流和资金流的速度非常快，物流的速度虽然较慢，但是已经和信息流、资金流紧密地结合在一起，并受到信息系统、信息共享、信用机制等因素的影响；从流动路径看，物流需要通过智能技术实现路径设计的优化，从而实现三流路径的匹配；从流动目标看，信息流的设计需要尽可能简化，而资金流的流转需要更加严谨，如何使用智能手段，通过三流之间的相互约束，提升服务质量和效率，是生态链架构设计的难点。这需要综合考虑生态链的内部维度和外部维度，才能给出合理的设计方案。

（二）智慧物流系统架构设计的内部与外部环节

面向生态链的智慧物流系统架构设计，应从全局视角出发，考虑内部与外部环节设计。

1. 内部环节设计

（1）智能规划管理。智慧物流生态系统架构属于供应链架构。良好的规划是供应链架构成功的开端。供应链规划的目标是实现端到端的协同，并建立起供应链的盈利模式。在传统的供应链架构设计过程中，管理者往往采用销售与运营计划（S&OP）来制定销售端和运营端的决策，并实现它们之间的协调管理。而在智慧物流的生态链中，规划管理包含更广大的范围，传统的销售端和运营端仍然存在，此时它们被融入更大的社群中，即供给生态群和需求生态群。生态运营商成了销售与运营计划执行的核心成员，在各种智能辅助决策工具的支撑下，以生态链利益最大化为目标完成数字化集成的核心任务。面向生态链的智慧物流系统架构中，规划管理存在实时信息更替。每一个生态链成员产生的微小变化，都应该得到链条其他成员的实时响应，并且在最快速度内进行全系统的规划调整。

（2）数字化运作管理。在架构设计的过程中，要充分考虑数字化运作时可能存在的各种流程对接与标准化问题，如果初期各个生态链成员采用的数据格式无法实现后期实时共享，那么后期的补救成本将非常高昂。数字化的运作，不仅需要考虑基础的供应链功能，还需要考虑到生态链的可持续特性，以未来眼光进行技术布局，全面考量可能存在的未来发展业务类型、可能具有的数据形式及处理方案，留好业务拓展与运作的接口。这就需要引入专业的技术人员和行业专家，进行合理的预测与技术处理。

（3）供应商战略管理。供应商战略管理具体包括采购管理、仓储管理与供应商管理。当前的智慧物流供应链多数已经可以实现精准的供应商选择与管理，并且可以较为准确地预测采购量和库存量，而面向生态链的智慧物流采购更加强调上下游管控的可视化，以及社群之间的数据协同共享。面向生态链的采购管理，不仅需要实现个体企业的精准采购和精益库存，更加需要处理好同级成员之间的竞合关系，包括供应商之间的同质资源共享和智能化协同作业。智能工具的应用，可以帮助管理者实现账实相符，而基于合理的技术设施、子架构接口布局，如何实现社群内部、社群之间的信息共享，是实现生态链协同采购与库存管控的关键，这需要在架构设计的前期予以充分考虑。

（4）全局风险管理。全局风险管理具体包括资产管理、信用管理与风险管控。面向生态链的智慧物流管理中，相较于传统的供应链，成员之间的关系越发紧密，产生了数据共享等形式，这将极大地提升供应链运作的效率。完善的信用机制是维持可持续关系管理的前提。对于智慧供应链而言，资产和信用管理是使供应链生态圈能够良好运转的“血液”，这不仅有利于供应链内部效率的提升与协同优化，更降低了供给生态群、生态运营商和需求生态群整个系统的运营风险，为生态系统的长远发展提供了充足的动能。在此基础上，还需要制订完备的风险评价与管控体系，降低供应链运营的不确定性。

（5）客户交互管理。智能化的操作环境，使得需求社群的期望值不断提升。客户期望得到更好的供应链服务，并且希望能够按照个性化的需求得到定制化的服务方案。与传统的智慧供应链不同，在面向生态链的系统架构中，客户已将供应链视为一个整体，客户希望能够获得即时满足。这一目标的实现需要智慧物流系统在架构设计的过程中以系统共创为目标，解决好生态链各子架构之间的瓶颈问题，并且始终以客户需求为导向，提升生态链产品与服务质量。

2.外部环节设计

（1）挖掘生态链的接口，打破接口瓶颈。在生态链中，由于供给生态群、生态运营商与需求生态群之间核心竞争力的差异，存在业务重点的区分，但它们共同组成了供应链生态圈，共同为终端客户提供产品与服务。考虑到“短板效应”，从全局角度来看，外部保障措施需要以生态群内部各环节，以及生态群之间的业务接口为重点解决瓶颈问题。这就需要成立专门的协调部门，定期了解并汇总接口需求，通过大数据共享、智慧云配、物联网等技术将接口问题即时反馈给各机构管理人员，做好物料、人力等资源的协调供给，实现供需匹配的最高效率。

（2）智慧物流赋能，构建全新产业链。外部保障措施同样需要以可持续的视角，从未来角度寻找智慧物流更多的赋能点，并且以更加全面的发展目标（包括经济目标、社会责任目标、商业道德目标等）实时把控供应链生态圈的发展方向。这需要相关人员与生态链系统内的各主管人员进行密切沟通，并且充分了解系统的优势、外部可获得的资源、双向信息的互通，如此有助于从产业链构建的角度，确定符合供应链特点的赋能方向，帮助供应链构建可持续的组织、技术架构。

（3）寻找物流系统架构的协调机制。协调机制必不可少，如何通过外部机制的奖惩，设定合理的激励与约束，使生态链中的每一个成员自愿以全系统绩效最大化为目标进行产品与服务的迭代创新，是面向生态链的智慧物流架构设计中需要考虑的重要问题。

（三）不同类型企业的智慧物流系统架构设计要求

需要注意的是，企业规模的差异会带来任务重点的差异，这种差异体现在宏观和微观两个层面。从宏观角度来看，大型企业在智慧物流系统架构设计过程中具有较强的主导权，处于引领者地位，它们负责制订核心战略目标与各环节中的关键技术参数。中小型企业则更多地扮演参与者的角色，负责按照架构设计进行落实。从微观层面来看，不同规模的企业在进行智慧物流生态链架构设计过程中的侧重点存在差异。对于架构设计的内部环节而言，大型物流企业需要强化偏重于战略层面的环节，包括战略规划管理、全局风险管理与客户管理环节。完善的战略构想是成功的物流模式的基石，而基础的功能服务，如仓储、供应商管理等，则可以选择将其外包给战略合作伙伴来高效完成。中小型企业偏重于战术环节的加强与优化，包括供应商战略管理与数字化运作管理。这是由于在面向生态链的物流系统中，规模处于中小等级的企业在多数情况下负责提供基础性服务，需要跟随生态链中的核心战略目标进行能力与需求匹配，物流系统架构设计应该以强化服务能力为重点。对于架构设计的外部环节而言，大型企业依然会从战略层面，提出自上而下的协调方案，包括接口设计、新的业务赋能点与协调方案的最终目标。而中小型企业则会从保障执行层面细化上述外部环节，如确定接口工程的分阶段实施方案，确定赋能点可能的业务形态，以及协调机制的实施路径。综上，不同规模的企业发挥各自优势与核心竞争力，相互合作，可以更加高效地完成智慧物流系统的架构设计。

第二节 智慧物流的发展路径与发展模式

一、物流企业发展路径与模式的定义与内涵

（一）物流企业发展路径

企业的发展路径是指企业在完成某个目标或向某个方向发展过程中的发展经历、发展

方式，以及今后的发展道路、发展趋势，是对企业过去发展过程的总结和对今后发展的展望。随着中国经济发展呈现新形势，国家提出了“互联网+”高效物流的战略规划，物流业处在发展转型的关键时期。通过云计算、大数据等技术的应用，物流业进行技术创新和资源共享，呈现出“优化企业物流布局—规划物流配送成本—完善物流运营机制—搭建物流信息平台—寻求多元化的发展道路—携手供应链企业建立强强联合”的转型新路径。而且，在“互联网+”的互联与共享理念影响下，物流企业开始关注建立“平台+实业+物流+金融”的生态圈，形成大力发展共享物流，建立共享平台的发展路径。此外，不同的物流细分领域也呈现出不同的发展路径。例如，在电子商务环境下，物流管理创新发展路径可以按照如下步骤进行：第一，要为电子商务环境下的物流管理提供必要的政策引导；第二，创新完善电子商务环境下的物流管理体系，加强对现代物流管理人才的培养；第三，借助现代化的技术支持物流智能管理。面向新零售的即时物流发展路径应分四步进行：第一步是加大智慧技术投入，提高即时物流服务质量；第二步是深耕垂直细分市场，提供差异化服务；第三步是规范人力资源管理，保障配送服务质量；第四步是加强行业监管，制订行业标准，推动即时物流规范化运营。

有着互联互通、数据互动，深度协同、高效执行，自主决策、学习提升三方面特点的智慧物流已经成为未来物流业发展的重要方向。在“互联网+”背景下，企业应从协同创新与资源共享、物流业务数据化处理与物流数据业务化发展、智能化与物联网化三方面发展智慧物流。同时应通过全面提升物流信息化建设的水平、提升智慧物流行业从业人员的专业素质、建立健全的智慧物流发展体系、由政府部门制订合理的法规制度等方面保证智慧物流的有效实施。从企业模式角度，智慧物流的发展路径主要有两种。一是以电商平台为驱动，比如阿里、京东率先从电商角度驱动物流行业的发展，是自上而下的驱动。电商平台建设驱动了物流数据平台建设，物流数据平台建设再驱动全数据的协同和全链条资源的整合。二是以物流企业为驱动，是自下而上的驱动，就是把底层业务通过线上经营，形成平台化运作，最后给客户提供个性化解决方案。从技术发展角度，发展智慧物流的路径为先数字化、网络化，再进行自动化、集成化，最后进行智慧化发展。此外，物联网是企业智慧物流发展路径的重要关注点。当前的物联网已经被纳入了国家重点专项规划，而智慧物流则成为物联网发展的方向之一，同时也是最能代表物联网的一个体系。智慧物流是利用物联网技术作为基础形成的物流专业网，即能够直接或间接地对物联网产生需求。

（二）物流企业发展模式

企业的发展模式是指在一定地区、一定历史条件下，具有特色的企业发展规划，也就是对特定时间和空间下企业发展特点的概括，包括企业战略、组织结构、营业方式等。物流企业发展模式就是根据不同的物流细分领域特点及企业自身发展目标，所采取的战略与组织结构等。发展模式不仅对物流企业的日常经营绩效有重要影响，而且对物流企业的可持续管理也起到至关重要的作用。

当前随着我国信息技术、自动化技术、智能技术的普及，互联网经济飞速发展，电子商务突飞猛进，从而带动了物流行业的转型升级，同时由于电商带动物流市场的空前扩大，物流企业正在经历前所未有的考验。在电子商务环境下现代物流的发展模式呈现出自建模式、TPL（第三方物流）模式和一体化模式三种，具有信息化、网络化、集约化、协同化的发展特点。物流企业开始利用互联网技术开展物流管理，通过互联网模式，在各个企业之间整合物流组织和设施，构建具有一定独立性的物流发展实体，促使各个企业实现对物流技术的共享，从而获得规模化的资源成本优势，提高物流专业发展效率。这个发展模式中最为关键的一点是需要依靠物流节点的信息化管理、物流系统的开放性与物流系统中信息流的整合与引导。因此，在“互联网+”背景下，我国物流企业的转型呈现出“互联网+云计算+大数据+共享经济+智能仓储”完美融合的、新的商业发展模式，向信息化、现代化、多元化方向发展。而这个过程中，中小企业也是需要关注的重点，其主要发展模式有专一模式、特色模式和联盟模式三种，物流企业可根据自身的资源投入、员工技术水平、信息系统建设情况及设施、设备情况，对不同的发展模式进行选择。

智慧物流的兴起成为解决未来物流业痛点的重要方式，将快速提升整个物流系统的智能化、自动化水平，从而真正促进物流业降本增效。物流企业通过物与物彼此之间的信息交换和通信，辅之以人工智能技术、云计算技术、通信感知技术和数据处理技术，实现物与物的广泛互通和融合，是当前企业转型智慧物流的发展方向。我国企业发展智慧物流应遵从平台型公司模式、通用型公司模式和专业型公司模式三种发展模式。然而，目前学界对于物流企业发展模式的研究主要集中在传统物流企业，对于近年来逐渐成为未来物流行业发展方向的智慧物流发展模式的研究仍较为有限，仅有少数研究探索了这个问题。

二、智慧物流发展路径

智慧物流的发展路径按照不同的实施主体，可以分为电商平台驱动、物流企业驱动和制造企业驱动。这三种不同的主体，其发展路径是有差异的。我们期望通过对以上三类企业中的智慧物流发展先行企业现有路径进行分析，然后归纳出不同类型企业的智慧物流发展路径，为今后行业内其他企业发展智慧物流提供经验借鉴。

（一）电商企业发展智慧物流的基本路径

电商企业为了提高服务体验和客户期望，通过整合商流资源，打通“最后一公里”的物流服务环节，构建基础设施型、赋能型和服务型物流数据平台，对网点、转运、干线、末端、人员的基础数据进行有效集成，然后对物流快递的各环节进行全链路物流整合，形成有效的数据驱动协同，从而给电商客户提供高效、快捷的物流服务。电商企业发展智慧物流的基本路径包括：

（1）根据供应商需求场景、客户需求场景、政府监管部门场景等不同场景各自的需求，通过资源集成化、业务平台化、技术智能化和供应链协同化，基于云计算技术搭建电商平台。

（2）通过物流数据平台实现物流信息管理。目前的物流数据平台大致分为基础设施型、赋能型和服务型。利用云计算技术建设物流产业集群能促进资源的优化配置，统一整合顾客信息、物流企业信息、资源信息。

（3）通过数据协同实现全链路物流整合，促进物流行业实现云计算技术创新应用。

（二）物流企业发展智慧物流的基本路径

物流企业凭借自身对拣选、仓储、运输、关务、配送等各类物流业务的理解和信息化系统的建设，搭建基于这些业务的电商平台。然后，将这些业务平台从公司内部推向公司外部，通过多场景、多网点、多公司的广泛应用，形成了物流业务的电商平台。这些物流电商平台通过资源集成化、业务平台化、技术智能化、供应链协同化，面向供应商需求、客户需求、政府监管等场景，形成了有效的供应链解决方案。具体来讲，物流企业发展智慧物流的基本路径包括：

（1）进行拣选、仓储、运输、关务、配送等的信息化建设，大力发展共享信息平台，实现业务电商化。

（2）通过资源集成化、业务平台化、技术智能化和供应链协同化搭建电商平台。与此同时，政府也需要对物联网的产业发展给予资金上的支持、政策上的扶助，对物联网发展的大环境进行规划和调整，着力于以大型物流企业带动小型企业共同发展的信息资源共享和整合局面，降低物流企业投入物联网体系的成本。

（3）建立“平台+实业+物流+金融”的生态圈，以适应供应商需求、客户需求和政府监管等不同场景，并为之提供解决方案。通过资源集成化、业务平台化、技术智能化、供应链协同化，平台可以聚焦于不同的场景为之提供精准服务，满足用户的各种需求。物流业发展转型的新思路离不开物流企业之间的战略合作和协同创新。

（三）制造企业发展智慧物流的基本路径

近年来，越来越多的制造企业走上了由“企业物流”向“物流企业”转型的道路。以日日顺物流、领鲜、准时达等企业为代表，它们完成了企业物流的初衷，成功脱离“母体”，转型成了市场化的物流企业，并且大力推进智慧物流发展。制造企业发展智慧物流的基本路径包括：

（1）从“企业物流”向“物流企业”转变。这是制造企业发展物流的必经之路，也是重要的第一步，大致分为五个阶段，包括确定内部产品及战略方向；独立于母公司，有独立组织架构及管理层；建立完善的市场化运营机制，进行市场化能力构建；持续开拓外部市场，使业务增长主要来源于外部业务；建立专业化、标准化业务准则，物流企业转型完成。

（2）优化物流过程。制造业智慧物流的第一步是对物流过程进行优化。通过实时监控和数据分析，可以全面了解物流环节的瓶颈和问题，及时进行改进和优化，以提高物流效率和降低成本。同时，智慧物流也可以通过自动化、智能化的手段提高物流作业的准确性和安全性，保证生产流程的顺畅。

（3）加强信息化建设。在制造业智慧物流的全面升级中，信息化建设是重中之重。只有建立完善的信息化系统，才能实现对物流过程的全面监控和管理。此外，信息化系统还可以将各个环节的数据进行整合和分析，为企业决策提供数据支持。

（4）引入人工智能技术。人工智能技术在智慧物流中的应用越来越广泛。例如，通过深度学习算法，可以对物流环节中的异常事件进行识别和预测，及时采取措施避免事故的发生。同时，人工智能技术还可以提高物流配送的效率和准确性，以满足不断增长的客户需求。

三、智慧物流发展模式

（一）电商企业发展智慧物流的典型模式

我国电商企业的发展立足于满足顾客的个性化需求，基于不断成熟的互联网、物联网和云计算技术，以淘宝、京东为代表的众多电商企业现已不断渗透于社会、经济和人民生活各个领域，随之对应的电商智慧物流需求也在保持快速增长。电商时代的到来和技术的发展，使得信息传导跟物流传导的一致性日趋明显，一旦出现信息不对称，将会给物流带来超额的高昂成本和低效率的产出。为适应电商企业运营模式的发展，市场需求细分将更精准，供应链资源整合能力将更柔性化、服务能力更准时。为此电商智慧物流必须加快服务创新，增强时效性、规范性和灵活性，以适应更加灵活的区域间商品流通市场需求以及我国新一轮对外开放和“一带一路”倡议的实施。我国电商智慧物流的典型模式可以概括为电商企业以客户需求为驱动，以平台为基础，对物流设施及信息自上而下地进行整合，提升了客户物流服务的透明化程度，具体包括：

①完善物流基础设施。在采购、配送、仓储、运输等物流环节实现信息化运作，并在此基础上实现物流供应链的全流程信息共享。

②推广应用物联网技术。随着物联网的推广应用，电商智慧物流在自动化和网络化方面取得了长足发展，大数据的发展应用也成为电商物流的重要优势。同时，以平台为基础自上而下地整合物流设施及信息。

③柔性化运作，提升客户物流服务透明化程度。利用数字化处理和物联网技术提升自动化管理能力，例如可视智慧网络系统和智慧化的物流配送中心；利用大数据和数据挖掘技术提升物流决策能力（例如智慧供应链体系）；利用射频识别和卫星定位技术提升定位追溯能力（例如产品智能可追溯系统）等。

④紧紧把握国家政策。目前，国内市场和政策的双重红利为电商智慧物流行业的改革提供了机遇。这也释放出一种信号，为电商智慧物流业的发展注入一剂“强心针”，未来电商智慧物流将成为创投界的主战场。

（二）物流企业发展智慧物流的典型模式

近年来，随着物流市场规模的不断扩大，物流企业的数量也在不断增多，但其物流仓储设施、终端配送场所及其配套设施依旧不能满足现实需要，导致配送成本较高，而且大多数物流企业并没有真正实现信息化，对智慧物流平台的建设投入较少。总体来说，目前物流企业的智慧物流基础设施建设相对落后，信息技术应用水平不高。在当前物流企业发展现状与智慧物流发展趋势下，我国物流企业发展智慧物流的典型模式研究具有重要意义。由于物流企业分为不同的类型，因而研究梳理了常见的两种物流企业，分析提炼其各自的发展模式。

针对平台型物流企业，其核心特点是具有很强的资源整合和聚集功能。因此，平台型物流企业在发展智慧物流的时候具有较强的资源基础，它们利用纵向和横向的双向发展，形成了智慧物流服务。这种智慧物流发展模式通常对具有广泛物流网络、大规模物流基础设施、平台化能力的物流企业比较适用。在平台形成过程中，遵循了业务信息化—数据集成化—平台化—场景应用化的基本过程。平台型物流企业遵循的发展模式也是渐进式过程，它的基本过程是单点自动化—多点网络化—服务链智能化—形成大平台—平台公共化—万物互联化。在中国，中外运公司发展智慧物流就属于这种典型模式。

通用型物流企业的智慧物流发展模式通常适用于单个物流企业，其发展过程有三个阶段，分别是自营探索阶段、深度整合阶段和共享创造阶段。在自营探索阶段，通常是以企业本身业务运作为主，实现自身物流业务的自动化运营。在深度整合阶段，以大数据技术、云计算技术、人工智能技术为支撑，通过高维度的数据集成和算法分析，实现满足需求场景的智慧决策。其中，算法是深度整合的核心。在共享创造阶段，物流企业则利用智慧化决策，关注与客户、供应商的深度共享和价值创造，在供应链范畴实现供应链价值增值。

（三）制造企业智慧物流转型的典型模式

随着制造业转型升级的持续深入，对物流系统的升级改造也得到了企业的广泛关注。发展智慧物流也是许多制造企业的重要战略，由于智慧物流并不是制造企业的主营核心业务，因此，制造企业智慧物流模式有自建+整合模式与独立自建模式两种。

1. 自建+整合模式

该模式强调通过整合社会资源，购买社会化的智慧服务，实现企业物流业务的智慧化运作。这种模式通常适用于物流业务完全外包的制造企业。例如，华为公司将自身的业务外包给中外运、顺丰、DHL（敦豪）等企业，为了实现自身物流业务运作的智慧化，华为要求这些供应商加强智慧物流投资，并积极帮助供应商实现智慧化运作。华为还主动购买相关供应商的大数据服务，并成功开发智慧物流解决方案。华为智慧物流解决方案依托于华为OceanConnect物联网平台，利用NB—IoT、RFID等技术，将货车、货物、仓库资产、泊位等信息进行大数据分析和可视化管理。华为智慧物流解决方案已在多家工厂和园区成功部署，对供应商车辆入厂时间、等待时间、上货卸货时间实现数字化管理，进行泊位智能调度，使园区卸货效率、供应商到货准时率大幅提升，有效降低成本，提升物流效率。

2. 独立自建模式

该模式强调利用制造企业本身的物流业务资源和服务机构自身组建智慧物流运作。这种模式通常要求制造企业下属的物流公司具有较强的资源整合能力和技术研发能力，能够搭建智慧物流生态圈。例如，作为海尔集团下属的日日顺物流，其在发展智慧物流的过程中，以不断提升用户体验为核心，以开放共赢为理念，通过共创的方式打造共创用户体验迭代的智慧物流生态圈。其发展模式可以概括为“一个目标”“两个开放”“三个差异化”。一个目标，指共创用户体验迭代的智慧物流生态圈。

两个开放，指人才开放与资源开放共筑智慧物流生态圈。通过对内部创客、对某个市场竞争力突出的中小型物流企业、对外部行业经验丰富的专业人才开放，吸引全球的创业者和资源方；通过资源的开放，吸引菜鸟、小米等一众品牌及其他核心服务商入驻日日顺物流平台，实现用户资源的优势互补、协同共进，产生共享的生态价值。

三个差异化，包括第一个差异化是引领大件物流全流程解决方案：通过提供大件全流程的解决方案，以用户体验为核心，发挥大件物流行业首个全网共享的三级分布式仓储网络及居家大件诚信品牌联盟两大核心能力优势；第二个差异化是开创园区的共创平台：海尔的日日顺物流不是简单地做物流，而是实现全产业链的生态圈，这个生态圈基于海尔智能制造的基因，植入COSMO工业互联网平台，通过海尔的共享资源，把它变成一个开放平台，打造一个产业集群的园区共创模式；第三个差异化是开创有温度的触点网络：通过有温度的触点和服务，一方面可以对接基础物流服务的口碑，实现用户体验迭代，塑造终身用户，另一方面可以通过全国网络布局在城市与乡村的社群小管家，搭建起以用户体验为核心的开放生态圈。

第三节 基于生态位理论的智慧物流生态链形成动因

一、智慧物流生态链的产生

随着智慧经济时代的到来以及新零售、智能制造等领域对物流的更高要求，智慧物流逐步兴起。智慧物流是通过大数据、云计算、智能制造等智慧化技术，提高物流与供应链系统的感知、学习、分析决策和智能执行的能力，进而提升整个供应链系统的智能化、自动化水平的一种物流形态。近年来，随着相关技术的不断成熟，智慧物流已经成为现代物流新的发展潮流。

智慧物流建设，将加速当地物流产业的发展，进一步促进集仓储、运输、配送、信息服务等多功能服务于一体的智慧物流系统的建设。这种智慧物流系统的建设有利于打破行业限制，协调各链条主体利益，实现集约化高效经营和传统物流企业的现代化、专业化转型，并形成企业间的互补关系。此外，企业还可以共享基础设施、配套服务和信息，进一步巩固建设并持续改进智慧物流生态链系统。

在生物学中，“生态链”是指相互制衡的链状系统，存在数量、能量传递递减的规律，不同节点的成员具有不同的生态位，形成彼此连接的生态关系。目前还没有关于智慧物流生态链的完整定义，本书根据“智慧物流”和“生态链”的有关参考文献，特提出智慧物流生态链的定义：智慧物流生态链是以数据共享、信用机制、物联网技术为支撑的，以平台运营中心为核心的，由供给生态群、生态运营商以及需求生态群组成的生态链结构。其中，两端的供给生态群和需求生态群通过物联网形成社群，使物流提供商之间、客户之间产生相互影响。在智慧仓储、智慧云配等技术支持下，生态运营商通过平台运营中心实现两个社群的高效匹配。

近年来，随着智慧物流生态链理论和实践的不断发展，国内一批企业已经进入智慧物流生态链建设的初步阶段。例如日日顺物流在物流生态场景上的探索，中外运和中国储运等企业在智慧物流生态链构建上的探索发展等，都表明实施物流生态链管理，建立互联互通的全球化生态型供应链体系势在必行。预计智慧物流在未来将进一步引领智慧供应链变革，带动互联网深入产业链上下游，助推“协同共享”的智慧物流生态体系加快形成。

二、智慧物流生态链的形成动因

根据马克思主义哲学的观点，任何事物的形成和发展都是主观因素和客观动因的共同作用。技术革命和制度创新是当代社会的基本特征，二者都是促使代表社会进步的增量空间形成的积极因素。同时企业发展在政策的支持引导下可以更直接、准确地了解政府的导向，从而生产出更加符合市场需求的产品。因此，智慧物流生态链理论和技术的双重创新、政府政策的支持等客观实际，对智慧物流生态链的形成均起到了一定的催化促进作用。

（一）智慧物流生态链形成的内在推动力（主观动因）分析

智慧物流生态链形成的主观动因是智慧物流生态链形成动机产生的基础和根源。智慧物流生态链形成的主观动因越强，其形成动机也就越强，进而越能够诱发智慧物流生态链的形成。智慧物流生态链形成的主观动因贯穿于智慧物流生态链形成的始终，发挥着内在推动力的作用。

智慧物流生态链形成的内在推动力，即主观动因，主要包括物流企业自身发展需要、企业主体博弈结果和双边网络效应的影响三个方面。三个方面均强调物流企业参与智慧物流生态链构建的自身发展动力。

1. 物流企业主体自身智慧化发展的需要

伴随着经济的高速发展，近年来，我国物流业发展迅速并且取得了长足的进步。然而随着我国经济进入常态化，物流业增速减缓，竞争也更加激烈。与此同时，物流企业的经营成本和用工成本也在不断攀升，物流成本过高已成为提升中国经济国际竞争力的主要阻力之一。在这一现实下，物流企业需要不断追随物联网、大数据等技术浪潮，不断加大投入，完善自身整体布局，加速对智慧物流的探索与应用，以提升物流运作的效率和服务水平。

在物流成本过高的压力下，物流企业纷纷加大研发投入，以使企业自身更加智能化、专业化、高效化，进而突破企业运营成本居高不下的困境，例如，中外运以上海中外运化工国际物流有限公司的客户需求为基础，经过中外运化工与IT部门技术团队的密切合作，先后打造并上线了OMS、BMS、TMS等系统，建立了中外运危化品智能转运中心，提升了公司面向智慧物流的综合服务能力，物流效率显著提升，主要表现为以下三点：①装卸效率显著提升，由原先的长时间排队等候，到融入智慧物流后基本实现即到即装、即到即卸；②在转运中心的保障下，区域配送比例提升，由原来的20%~30%上升到80%以上，使车辆的周转时间缩短1~2天；③节能减排，燃油叉车作业替换为电动叉车作业、集卡换小车集散货，使尾气排放量下降约30%。

因此，在智慧物流发展的潮流下，为进一步推进成本降低和效率提升，物流企业开始从具体的物流运输环节的管理逐步转变到对整个物流供应链的整合优化上来。智慧物流相关技术的发展为供应链的整合奠定了基础，并将引领智慧供应链变革，而智慧物流生态链的顺势发展不仅能提高物流企业供应链的效率，还能带来附加价值，是物流企业转型发展的必经之路。

2. 物流企业主体相互博弈的结果

竞争和协作是市场经济的基本范畴，是市场经济中的基本经济关系，也是智慧物流生态链中各个物流主体所面临的基本生存环境。现在市场竞争和博弈已经成为经济生活中的常态。为了保证企业取得竞争和发展优势，不被兼并和淘汰，就必须以各种手段增强自己的竞争实力。

在如此激烈的竞争背景下，多数物流企业迫于竞争压力，不断尝试新的商业模式，以开放的心态拥抱智慧物流生态链。以实现现代智慧物流园区运营和管理，搭建现代物流信息化平台、物流金融平台与第四方物流服务平台为主的林安物流为例，它通过搭建资源生态和货源生态，计划用五年时间布局100个物流园区和信息化平台节点，逐步实现全国范围内的物流骨干布局，构建“大物流”“大平台”的物流服务生态链，不断实现价值的闭环创造。再如日日顺物流通过运用物联网、云计算等新技术赋能场景物流，不断为顾客提供供应链一体化定制服务，让生态链中的企业组成一个能够创造价值的链群组织，在为消费者提供便利化基础物流服务的同时，让消费者感受到温度。

在激烈的竞争氛围下，企业之间共生、互生的协作理念也得到进一步的强化。随着大数据等科技的不断进步、互联网的渗透，人与人、国与国、产业与产业的界限被重构。企业间的可连接性增加，打破了原有格栅分明的企业竞争关系，行业边界趋于模糊甚至消失，企业合作范围无限扩大，企业进入一个“无疆界”的竞合时代。在当今这样一个“优胜劣汰”“万物互联”的商业环境下，物流企业构建智慧物流生态链显得尤为重要。

3. 双边网络效应带动智慧物流生态链势能和动能的提高

同一市场内的双方具有相互依赖性的这种现象称为双边网络效应。平台对网络两边的用户需求匹配得越好，价值就越大。随着智慧物流的蓬勃发展，供需两方的数量日益增多，智慧物流市场越来越大，有更多的利益相关方企业想要加入智慧物流生态链中。智慧物流生态链连接了智慧物流服务的需求方和供给方，在双边网络效应的进一步推动下，将网络两边的用户需求匹配得越来越好，让任一方用户群体的价值都能越来越高，最终使整个生态链的体系更加完整、功能更加健全，也能让参与者享受到更高的社会福利。

随着整个智慧物流生态链的功能越来越完善，各个主体参与智慧物流经济活动的实际能力越来越强大，信息资源传递和共享的速度也越来越快，因此各个参与主体所具有的信息“势能”和信息“动能”也越来越大。其中，“势能”是指参与主体掌握的信息量大小；“动能”是指参与主体处理信息的速度快慢。随着各个参与主体所具有的信息“势能”和信息“动能”的提高，参与主体更加迫切地需要改变企业周边环境，尤其需要更加高效的智慧物流生态链作为资源传递和共享的载体，如此加速了智慧物流生态链价值的形成与演化。

（二）智慧物流生态链形成的外在拉动力（客观动因）分析

智慧物流生态链的形成不仅受到主观动因（内在动因）的推动，同时还受到客观动因（外在动因）的拉动，它们共同作用使智慧物流生态链向着更高效、更增值的方向演化。智慧物流生态链形成的客观动因（外在动因）是指智慧物流生态链所处的外部环境因素对其形成的驱动作用，主要包括智慧物流企业外部环境变化的影响、数字化转型拐点已至和物流需求加速升级。

1.智慧物流企业外部环境变化的影响

在自动化、智能化、智慧化背景下，外部环境的变化必将影响着企业内部运作环境，因此物流企业必然要针对外部环境的变化采取相应的策略以使企业内部保持稳定。这种内外变化会使得物流企业朝着智慧物流生态链方向发生改变，这种改变既可能是量变也可能是质变，但是无论是量变还是质变都会推动着智慧物流生态链的形成与演化。

企业外部环境的变化最主要体现在企业外部商业模式的改变上。新的物流模式背景下，研究重点从物流标准化转变为供应链定制化，以提高供应链全链路的效率增值；从与客户间无交互转变为不仅要追求全流程的最佳用户体验，同时还要让其保持持续交互，以延伸服务价值。未来的商业模式将从分工式向共创式变化，各企业线上线下多元化的物流服务面临如何进行资源共享、共创价值的问题。商业模式的变化，不仅会使物流企业发生更加智慧化、智能化的量变，还会使物流企业发生业务形式的质变。例如受外部环境变化影响，日日顺物流就通过搭建智慧物流生态链平台不断向开放、智能、共享、社群业务模式转变，从而为需求者提供智慧生态链，使客户可以更加专注于智慧服务的体验。

2.数字化转型拐点已至

数字化技术是指将信息化、自动化、智能化技术，赋能于物流各环节和各领域的技术。国内一批领先的物流企业，如菜鸟、京东、苏宁等已经开展无人驾驶、无人仓储、无人配送、物流机器人等人工智能前沿领域的试验应用。数字化技术实现业务数据化和数据业务化，提升物流企业服务能力，扩大盈利能力，进一步突破物流企业发展滞缓的局面，拉动物流企业转型升级，促使企业突破转型拐点。

所谓拐点，是指从传统模式转换到新商业模式的转折点。传统的物流企业多是依靠规模经济和网络经济来盈利，但是随着科技水平的不断进步，我国生产能力也不断扩张，规模经济和网络经济已经不能再助推企业取得实质性突破和发展。对于物流企业来说，区块链技术和数字化技术的发展，以及多物流场景的开发和创新，不断拉动物流企业进行新旧模式的转化，进而突破物流企业新旧商业模式转换的拐点。

当今时代是一个相互合作与融合的时代，一方面，依靠科技创新和企业之间的数字化融合互动能够使企业间互通有无，共享资源，可以实现之前传统规模经济和范围经济无法产生的经济效果；另一方面，新时代对物流服务高质量发展的要求越来越高，智慧物流生态链作为物流业新的产业运营形式在数字化技术的驱动下孕育而生。相比传统规模经济下的物流产业，智慧物流生态链依托互联网、大数据、人工智能等现代物流技术，通过建立共享协作的公共物流信息平台，重塑产业分工，整合资金流、信息流、商流和物流资源，以更好地满足客户需求，并提供更个性化的服务，挖掘新的价值链，营造合作共赢的物流行业生态。

3.物流需求加速升级

随着社会经济不断发展壮大，我国物流企业规模变大、数量增多，服务质量逐年提升。为了满足和适应消费者的新需求，物流联盟、智慧物流企业等业态迅速发展。

物流需求向智慧化演化，促使智慧物流生态链加速形成。当前物流企业及其客户对智慧物流的需求加速增长，主要包括物流数据、物流云、物流设备三大领域，预计到2025年，智慧物流市场的规模将超过万亿元。在目前电商快速发展、新零售兴起与C2M（从消费者到生产者）模式兴起的大背景下，消费者物流需求已从单一化、标准化转向差异化、个性化，这些变化对物流服务提出了更高的要求，激发了智慧物流企业的产生，进一步促进了智慧物流生态链的形成。

（三）智慧物流生态链形成的催化作用分析

在智慧物流生态链的形成动因中，有一些动因对其发展变化起到了催化促进作用，我们称这部分动因为催化剂。智慧物流生态链理论和技术的双重创新以及政府政策的支持，加速了智慧物流生态链的形成，对智慧物流生态链形成的内外动因产生了一定的催化促进作用。

1.智慧物流生态链理论和技术的双重创新

理论创新和技术创新是以新理论、新技术的产生和投入为特点的技术经济活动。新理论和新技术既是智慧物流生态链形成的前提，又是智慧物流生态链形成的重要推动力量。智慧物流生态链的发展过程中新的理论、新的方法与新的技术不断涌现，这就要求智慧物流生态链中各参与主体能够不断接受和适应这些新事物和新变化，使智慧物流生态链在结构和功能上不断完善，进而推动着智慧物流生态链的形成与演化。

理论和技术的双重创新，促使了物流企业智慧化发展、物流生态系统的智能化演化和物流生态链的加速形成。理论和技术的催化作用具体体现在物联网技术的创新上，物联网是其理论和技术发展的技术基础，为智慧物流生态链的发展提供了强有力的技术保障。智慧物流生态链的技术核心是信息的智能获取、传递、处理和运用，涉及自动识别、数据挖掘、人工智能和地理信息系统四大领域。四大核心技术的创新发展为智慧物流生态链的形成打下了坚实的基础，加速催化了智慧物流生态链的形成。

2.政府政策的支持

国家高度重视智慧物流生态链的发展，先后推出了多项配套政策，凸显了智慧物流生态链在现代经济体系发展中的重要地位，也助力了我国智慧物流生态链更高层次、更高水平、更健康有序的发展，为智慧物流生态链的形成发展营造了一个良好的政策环境。

国家推出的一系列相关政策，为我国智慧物流生态链高效、便捷、绿色发展扫清障碍，加速推动智慧物流生态链形成“由点到线，由线到面”的良好局面。例如如海尔日日顺物流在一系列国家政策的支持下，顺应物联网时代开放、协作、共赢的思路，搭建了一个资源交互对接最广泛、最有效的平台，携手各方力量，共同探讨出一条促进物流行业智慧转型的新路径，加速推动物流行业向高质量发展，进而助推智慧物流创造新未来。

三、智慧物流生态链形成动因的启示

其一，对于物流企业而言，基于生态位理论视角，顺应智慧物流时代的要求并且积极加入其中是重要趋势，构建智慧物流生态链不仅是响应国家供给侧结构性改革的要求，更是适应新的商业模式对智慧物流的要求。其二，智慧物流供应链的形成动因主要体现在三个方面，即主观动因、客观动因和催化剂作用。其中，主观动因主要是物流企业自身智慧化发展的需要和企业间竞争博弈的结果；客观动因体现在企业外部环境变化、数字化转型需求和智慧物流加速升级对智慧物流生态链产生的影响上；催化剂作用主要体现在国家政策的支持和科技的不断创新促进物流行业不断升级上。其三，通过对智慧物流生态链进行经济学分析，我们发现，并不是每个物流企业都要开展智慧物流生态链的构建，而是应该考虑成本、效用的综合影响。

第四节　基于生态位理论的智慧物流生态链自组织发展

一、智慧物流生态链的自组织发展新趋势

企业发展智慧物流的重要目标之一，就是构建智慧物流生态链。在当前生态链建设的趋势下，越来越多的物流企业通过构建智慧物流体系，与多方合作伙伴共建形成了智慧物流生态链的组织。例如，京东物流提出了基于价值型供应链的智慧物流发展体系，旨在

与合作伙伴一起共同构建生态化的智慧物流供应与服务体系；日日顺物流正在以发展物流生态为核心，向全面的生态企业转型；菜鸟网络则提出了数字供应链大脑，将与合作伙伴一起，通过建设国家智能物流骨干网，为整个行业生态效率的提升提供完善的基础设施。

自组织发展是指在没有外部指示条件下，系统内部各主体自发地按照某种规律形成一定的新结构的变化现象。在智慧物流生态链的发展中，各个成员由于技术创新、信息共享、供应链资源等，开始自发地进行功能匹配与生态合作，自组织发展是智慧物流生态链重要的发展趋势。因此，智慧物流生态链的自组织发展规律对于智慧物流生态链的构建具有重要作用，它有助于企业明确自身在智慧物流生态链中的定位，同时有助于企业把握在智慧经济时代下的最优发展路径。

相比传统物流，智慧物流生态链的自组织发展呈现新的发展规律与发展趋势。第一，以新兴技术的研发与引领作为自身优势的企业将遵循耗散结构理论的发展模式，先形成在传统方式上无法实现的技术壁垒，最终形成以技术为引领的智慧物流新生态。第二，以数据和流量作为自身优势的企业将遵循协同理论的发展模式，通过数据的互联互通、各主体的统筹规划，不断扩大智慧物流生态圈。第三，以需求拉动和供给推动为核心崛起的企业将遵循超循环理论的发展模式，发挥供需双重上升力，形成螺旋式上升，不断催化多方业务主体进入生态链，最终形成智慧物流生态圈。

二、智慧物流生态链的基本结构和自组织发展特征

（一）智慧物流生态链的基本结构和成员关系

智慧物流是一种由大数据、物联网、云计算等新型技术驱动，在物流服务运作中实现自动化、可视化、信息化的全行业互联互通、共享共生的模式。伴随着第四次科技革命，以人工智能、物联网、量子技术等为代表的“智慧科技”兴起，物流行业内也正自发地发生转变。一种以智慧物流生态链为基本形式的结构逐渐形成，其发展是不断整合的过程，包括不断创新的科技与传统行业的整合、不同行业间的交融整合、低层级与高层级的不断整合，最终形成类似自然生态网络的智慧物流生态链结构和成员关系。

在智慧物流生态链中，主要由供给生态群、生态运营商与需求生态群组成。从核心环节来看，智慧物流生态链包括三个核心环节：智能化作业、数字化集成与可视化运营。从支撑要素来看，智慧物流生态链的运作离不开高效的数据共享、各环节无缝衔接的信用机制与万物互联的物联网技术。坚实的信用将有利于打破企业间的壁垒，促进生态链内部的共享共生；高效的数据共享可以便于各主体间的交流，促进生态链内部的互联互通；物联网技术的应用会提升各环节、各节点的效率，由量变实现质变。所以，在各成员生态关系

的构建过程中，信用资本、数据、技术将会是最大的推动力，这三个支撑要素在智能化作业、数字化集成、可视化运营的实践中，共同影响智慧物流平台的系统性、整体性、开放性和动态性。

（二）智慧物流生态链自组织发展特征

在智慧物流生态链的自组织发展中，其与传统物流最大的区别就是它的系统性、整体性、开放性和动态性。

智慧物流生态链的自组织发展具有系统性。传统的物流优化往往仅着眼于单一节点效率最大或是双环节间的效益权衡，而智慧物流打通的是全链条、全网络和全行业。以往，物流企业仅是对运输、仓储、包装、配送等各环节单独进行优化，提高单环节中的机械化、无人化、数字化等程度。而在智慧物流时代，企业要把握智慧技术核心，发挥智慧技术特点，利用生态链中信息共享、数据互通的特点，将运输系统、仓储系统、配送系统等进行整合优化，故而智慧物流生态链自组织发展充分体现了系统性。

智慧物流生态链的自组织发展具有整体性。智慧物流生态链是一个具有特定的社会、经济功能，由诸多主体按照一定方式组成的有机整体，不同的主体之间相互联系、相互影响和相互作用。在智慧物流生态链中，物流主体自身的发展直接影响智慧物流生态链整体运作能力的强弱，智慧物流生态链既是一个密不可分的静态有机整体，同时又是一个通过相互影响、相互制约与相互适应达到最佳相对稳定的动态有机整体。

智慧物流生态链的自组织发展具有开放性。智慧物流生态链作为一个社会系统、经济系统，其本质上就是内部主体之间、主体与外部环境之间资源和能力的交流、协同和整合。一方面，智慧物流生态链中的主体可以忽略时间和空间的限制随时随地地加入和退出系统，并且通过加强主体的协同力和整合力使系统功能得到强化；另一方面，智慧物流生态链在不断与外部环境进行物质、能量和信息交换的过程中，能够实时地做出适应性的调整，以达到系统的适应性自稳。因此，为了能够与外部环境相适应、维持自身的生存和发展，开放性是智慧物流生态链的基本条件之一。

智慧物流生态链的自组织发展具有动态性。智慧物流生态链是一个由诸多主体构成的系统，随着时间的推移、环境的变化与自身发展的需要，其内部的形态、功能、状态、各种机制等并不是一成不变的，而是不断变化的，需要不断地对其进行调整，这是一个充满动态性的演化过程。智慧物流生态链会随着外部环境的变化而发生转换、演化和升级，从当前状态跃迁到新的更有序的状态，进而呈现出新的稳定态势。

（三）智慧物流生态链的三种典型自组织模式

在物流行业的发展中，已然经历了多次自组织变革，每一次的“震荡升级”都是在特定的历史节点与环境催化下完成的，并且形成更高层次的物流价值提升驱动力，使物流行业愈加成熟，价值不断提升。物流发展分为三个阶段：第一阶段是20世纪初至20世纪50年代，工业化时期社会分工不断细化，从经济学角度建立了物流学科，但是规模很小，仅限于物的流通；第二阶段是20世纪60年代至20世纪90年代，由于生产力迅速发展与零售业的兴起，为物流的第一次自组织变革创造条件，出现了第三方物流；第三阶段是20世纪90年代至21世纪初，互联网的技术支持与经济全球化的环境变化使物流发生第二次自组织变革，实现质变，发展到供应链管理阶段，物流行业更加成熟。而当下由于智慧技术的广泛应用与供需格局的变化，正是物流行业再一次进行自组织变革，承前启后开启第四阶段智慧物流生态时代的转折期。物流行业通过内部协同调整，不断形成更加成熟的生态模式，同时不断创造新的价值，形成产业价值的增长，最终形成质变。

在物流行业的历次自组织变革中有着不同的发展模式，当前智慧物流生态链的自组织发展基本可概括为基于耗散结构理论、协同理论与超循环理论的三种典型自组织模式，以下分别介绍这三种典型的自组织模式，并分别与京东物流、菜鸟网络、林安物流等国内智慧物流发展较为领先的企业实例相结合，深入分析智慧物流生态链自组织机制。

三、智慧物流生态链自组织机制研究

（一）基于耗散结构理论的智慧物流生态链自组织机制研究

物流行业已经达到了再一次质变的关键节点，这是因为从自组织耗散结构理论出发，智慧物流已具备发生质变所需的所有条件和前提。

其一，智慧物流生态链是一个开放体系。世界经济高速增长，物流将各行各业的经济主体连接沟通，所有经济主体都可以融入智慧物流生态体系中，这从根本上颠覆了传统的市场法则，打破了传统企业边界。随着企业边界的打破，市场主体的增多，物流业更加开放，逐渐建立共生型的产业生态体系，更加开放、包容、平等地对待同行、客户和关联方，更加依靠协作来实现共同发展，为智慧物流生态链自组织发展提供了条件。

其二，当前物流业生态链正在远离平衡态。耗散结构理论认为非平衡是有序之源，传统的物流主体间，在技术和地域限制的情况下，持续保持着“混沌的平衡”，而当前传统的供需匹配稳态已经被大数据、云计算的加入所打破。由于目前智慧物流生态链的发展还是初级阶段，所以仍呈现出一些有序态，但随着生态系统内部的自组织发展，新加入的平台主体和技术手段都将与系统完美融合，呈现出下一阶段的“无序的平衡”。

其三，智慧技术的应用是一种非线性作用。由于大数据的爆发，体系内各要素之间呈现出整体效果超出局部线性叠加的非线性作用。

其四，智慧物流已形成涨落作用的启动力。当前如京东物流、阿里巴巴等平台企业已经把大数据、物联网等智慧技术运用到物流运作当中，并发挥出了领先优势，带动其他物流主体纷纷加快脚步。智慧物流生态中的自组织发展已经进入加速阶段。

（二）基于协同理论的智慧物流生态链自组织机制研究

智慧物流协同发展应包括三个层次：结构上从无序到有序；功能上由低组织系统到高组织系统；构成上从简单到复杂。智慧物流生态链的协同自组织显现以下两方面特点。

一方面，系统内各主体的“不稳定”发展。协同理论中的不稳定性指的是系统内部具有相互连接、相互积极建设的趋势。在当前形势下，行业边界与公司业务边界愈加模糊，不断被打破、整合，公司间也不断发出共生信号。

另一方面，平台作为中心序参量显示出支配地位。协同发展的核心就是打破壁垒实现联结整合，而平台化运营模式正有助于打破条块的界限，将企业间横向和纵向的数据进行实时共享，打通以平台为核心的系统内部的数据界限，实现快速连接。所以在智慧物流生态链的协同发展中，会以平台序参量为中心，以技术、数据、信用资本为动力，以智能化作业、数字化集成、可视化运营为目标，形成智慧物流新生态。

在商业实践中，各主体间的合作竞争是一种常态化行为，但是正是这种合作与竞争的协同演化，使市场获得自组织进化动力，有利于智慧物流生态的发展。菜鸟网络是通过合作协同取得升级转型的典型案例。随着国内物流的快速增长，多家快递公司同时竞争市场份额，主体间“化学键”作用加强。在这一过程中，阿里巴巴凭借自身多个平台的数据支持，取得业务核心的地位，成为自组织发展中的中心序参量，发挥支配作用。2013年，阿里巴巴集团利用自身序参量的地位，协同银泰集团、复星集团、富春集团、顺丰、“三通一达”（申通、圆通、中通、韵达）等企业联合组建菜鸟网络科技有限公司，致力于打造中国智能物流网络，实现智慧物流生态的协同发展。

（三）基于超循环理论的智慧物流生态链自组织机制研究

基于超循环理论，我们从循环的不同阶段进行分析，同样可以描绘出智慧物流的发展现状与规划出未来的趋势走向。

初始阶段Ⅰ，我们首先以A、B分别代表物流服务供应商和物流需求方。在传统的物流运作系统中只有供需双方参与交易，之后A和B作为供需双方各自实现转型升级，A、B双方分别产生促进各自发展的“催化酶”Ea、Eb（如关键知识、资源等），而Ea、Eb又同时会促进对方的发展形成一种正反馈，从而使整个物流系统逐渐庞大且充满活力。

萌芽阶段Ⅱ，随着供需双方业务体量的不断增加，B可能与另一方企业C（如银行）发生联系，将其引入循环系统内，使系统发生突变。此时C产生的催化酶Ec（如信用资本）同时促进A、B双方企业的再次升级，此时原本的二元循环系统就升级为三元循环系统。

成长阶段Ⅲ，随着智慧时代的到来，各方主体自发地将科技、数据等引入物流系统内，再次形成突变。例如，D（科技研发企业）、E（数据平台企业）的逐级引入使得循环系统内的正反馈效应持续加剧，即在原有的催化关系下，D、E又同时不断为其他主体催化赋能，系统内部实现多元超循环，价值体量不断上升，并且该循环过程还会随着时间的推移、时代的变革持续进行。

最后在智慧物流的成熟阶段，将形成以N方企业为主体，在众多“催化酶”因素的作用下相互激励、相互促进的智慧物流生态链超循环发展模式。

物流生态园区是智慧物流整合共生、跨界互融特性的集中体现，更是物流生态超循环理论发展的代表。

（四）智慧物流生态链自组织机制对比分析

对于以科技创新与应用为核心的智慧物流生态链来说，其发展的重点是利用新型技术作为影响行业的涨落启动力，打破传统技术壁垒，最终成为以技术为引领的智慧物流新生态；对于以数据驱动为核心的智慧物流生态链来说，其发展的重点是利用大数据的价值，与行业内的各方主体合作共赢，通过数据的互联互通，对各主体的统筹规划，形成战略联盟，占据市场份额，不断扩大智慧物流生态圈；对于以多业务融合为特点的智慧物流生态链来说，其最重要的是发挥出需求拉动和供给推动的双重上升力，形成螺旋式上升，即链上企业要在不断满足上下游现实需求的基础上，提前对客户的未来需求进行精准预测，不断丰富自身业务类型，抓住客户真正的痛点，不断催化多方业务主体进入生态链，最大限度地发挥枢纽作用。

通过对基于耗散结构理论、协同理论、超循环理论三种智慧物流生态链自组织发展模式的研究，我们可以看到智慧物流生态链的自组织发展路径并不是单一的，不同类型的物流生态链会有适应其自身的自组织发展模式。所以，各主体发展智慧物流时，最重要的是首先将自身的生态位定位准确，其次根据自身优势和特点采取最有效的智慧物流自组织发展模式，最终形成智慧物流生态链，进而连接成共生共享、互联互通的智慧物流生态圈。

参考文献

[1]朱光福，王娟娟.企业物流管理[M].重庆：重庆大学出版社，2022.

[2]邹宇飞.物流管理与网络经济研究[M].长春：吉林出版集团股份有限公司，2022.

[3]李爱红，郭美娜.供应链视角下的物流管理研究[M].西安：西北工业大学出版社，2022.

[4]姚振飞，韩丽，付淑文.物流成本管理[M].北京：北京理工大学出版社，2022.

[5]刘强，孟凡奎，曹生炜.交通运输与物流供应管理[M].长春：吉林人民出版社，2022.

[6]张喜才.现代冷链物流产业链管理[M].北京：中国商业出版社，2022.

[7]丁秋雷.物流配送干扰管理模型及其求解方法[M].西安：西北工业大学出版社，2022.

[8]吴清烈.电子商务物流管理[M].南京：东南大学出版社，2022.

[9]汪莹，樊九林，范中启.应急物流管理[M].北京：应急管理出版社，2022.

[10]尤妙娜.供应链物流管理[M].北京：企业管理出版社，2022.

[11]周兴建，黎继子.现代物流管理概论[M].第2版.北京：中国纺织出版社，2022.

[12]李文锋，刘志学.智慧物流[M].武汉：华中科技大学出版社，2022.

[13]梁世翔，姬中英.现代物流管理概论[M].北京：高等教育出版社，2022.

[14]唐永洪，胡子瑜，刘天宇.生产物流管理实务[M].南京：南京大学出版社，2022.

[15]张颖，侯旭晖.现代物流管理基础[M].西安：西北大学出版社，2022.

[16]曲思源.铁路货运组织与物流管理[M].杭州：浙江大学出版社，2022.

[17]贾扬蕾，阙师鹏.电子商务物流管理与实践[M].北京：冶金工业出版社，2022.

[18]夏火松.物流管理信息系统[M].北京：中国科技出版传媒股份有限公司，2022.

[19]孙统超.新时代物流管理与发展研究[M].延吉：延边大学出版社，2021.

[20]姜波.现代物流管理[M].北京：北京理工大学出版社，2021.

[21]高静娟，王雪丽.基于价值链的物流管理优化研究[M].长春：吉林人民出版社，2021.

[22]张恩娟.电子商务环境下的物流管理与应用研究[M].北京：中国社会科学出版社，2021.

[23]雷杰，万志鹏，师路路.物联网环境下应急物流管理体系与信息系统构建研究[M].北京：中国原子能出版传媒有限公司，2021.

[24]张磊，张雪.物流与供应链管理[M].北京：北京理工大学出版社，2021.

[25] 陈栋 . 物流与供应链管理智慧化发展探索 [M]. 长春：吉林科学技术出版社，2021.
[26] 李亦亮，汪时珍，张爱国 . 现代物流运输管理 [M]. 合肥：安徽大学出版社，2021.
[27] 姜岩 . 物流服务质量管理：理论及应用 [M]. 北京：机械工业出版社，2021.
[28] 耿元芳，刘贵容 . 物流管理 [M]. 北京：经济管理出版社，2021.
[29] 张庆英，辜勇，张梦雅 . 物流管理基础 [M]. 武汉：武汉理工大学出版社，2021.
[30] 马朝阳 . 电子商务物流管理 [M]. 成都：西南财经大学出版社，2021.
[31] 刘小卉 . 物流管理信息系统 [M]. 上海：复旦大学出版社，2021.
[32] 刘婷，王正巍，赵竞笑 . 电子商务与物流管理创新 [M]. 北京：中国商业出版社，2021.
[33] 吕贵鑫 . 物流管理与应用创新 [M]. 长春：吉林教育出版社，2021.
[34] 刘助忠，任志鸿，张宇 . 现代物流管理实务 [M]. 长沙：中南大学出版社，2021.
[35] 李严锋 . 现代物流管理 [M]. 沈阳：东北财经大学出版社，2020.
[36] 范碧霞，魏秀丽 . 物流与供应链管理 [M]. 上海：上海财经大学出版社，2020.
[37] 田青 . 物流与供应链管理研究 [M]. 北京：中国原子能出版社，2020.
[38] 崔健 . 物流运输与智能化技术管理 [M]. 哈尔滨：东北林业大学出版社，2020.
[39] 蔡改成 . 物流管理 [M]. 北京：中国人民大学出版社，2020.
[40] 牛军锋 . 现代物流管理概论 [M]. 北京：北京师范大学出版社，2020.
[41] 冯耕中 . 物流信息系统 [M]. 北京：机械工业出版社，2020.
[42] 杨叶勇 . 物流信息技术与信息系统 [M]. 长沙：湖南师范大学出版社，2020.
[43] 郁士祥，杜杰 .5G+ 物流 [M]. 北京：机械工业出版社，2020.
[44] 钟丽，吴星源，赖振辉 . 物流信息技术 [M]. 西安：陕西科学技术出版社，2020.